Pastelería: postres para restauración. HOTR0038

M.ª Teresa Bargo Valestrine

ic editorial

Pastelería: postres para restauración. HOTR0038
© M.ª Teresa Bargo Valestrine

1ª Edición

© IC Editorial, 2025

Editado por: IC Editorial
c/ Cueva de Viera, 2, Local 3
Centro Negocios CADI
29200 Antequera (Málaga)
Teléfono: 952 70 60 04
Fax: 952 84 55 03
Correo electrónico: iceditorial@iceditorial.com
Internet: www.iceditorial.com

ISBN: 9979-13-7027-039-1
Depósito Legal: MA 1388-2025

Impresión: PODiPrint
Impreso en Andalucía – España

Nota de la editorial: IC Editorial pertenece a Innovación y Cualificación S. L.

Especialidad formativa

Se entiende por especialidad formativa la agrupación de contenidos, competencias profesionales y especificaciones técnicas que responde a un conjunto de actividades de trabajo enmarcadas en una fase del proceso de producción y con funciones afines.

Las especialidades formativas de Uso General, Formación Complementaria, Formación Modular y las especialidades formativas dirigidas a la obtención de certificados de profesionalidad se incluyen en el Fichero de Especialidades del Servicio Público de Empleo Estatal para su gestión en todo el territorio nacional por cualquier Administración competente.

Las especialidades complementarias, pertenecen todas a la Familia profesional de Formación Complementaria (FCO) y tienen la consideración de formación transversal en áreas que se consideran prioritarias tanto en el marco de la Estrategia Europea para el Empleo y del Sistema Nacional de Empleo como en las directrices establecidas por la Unión Europea. Se consideran áreas prioritarias las relativas a tecnologías de la información y la comunicación, la prevención de riesgos laborales, la sensibilización en medio ambiente, la promoción de la igualdad, la orientación profesional y aquellas otras que se establezcan por la Administración competente.

Las especialidades de Certificado de profesionalidad tienen una duración especificada en su normativa reguladora.

En el resultado de la búsqueda, se muestran las unidades de competencia, todos los módulos formativos con su duración y las unidades formativas del certificado correspondiente, con su duración. Las horas del certificado, exclusivo de las especialidades de certificado de profesionalidad, con alta igual o superior a 2008, son las horas totales más las horas del módulo de Prácticas Profesionales no Laborales.

- ⮱ **Si la especialidad tiene unidades formativas,** las horas totales, presencial, distancia, teleformación serán igual a la suma de esas horas de las unidades formativas de los distintos módulos, sin que se repita ninguna Unidad formativa.

⊃ **Si la especialidad no tiene unidades formativas,** las horas totales, presencial, distancia, teleformación serán igual a las sumas de esas horas de los módulos formativos, eliminando las horas de los módulos repetidos.

https://sede.sepe.gob.es/especialidadesformativas/RXBuscadorEFRED/BusquedaEspecialidades.do

(Fuente: Servicio Público de Empleo Estatal)

Índice

Unidad de aprendizaje 3
Comprensión de los elementos a tener en cuenta en la presentación en el plato

OBJETIVOS GENERALES

Los objetivos generales del **HOTR0038. Pastelería: postres para restauración,** son los siguientes:

- Elaboración y presentación de postres, utilizando equipos y máquinas útiles en repostería, observando las normas y siguiendo los procedimientos adecuados.
- Desarrollar las habilidades necesarias para el aprovisionamiento, clasificación y organización de materias primas esenciales en una despensa básica de pastelería, comprendiendo sus características, usos y aplicaciones en la elaboración de productos de repostería.
- Elaborar distintos postres, comprendiendo sus fundamentos, técnicas y procesos, desde las preparaciones básicas hasta la aplicación de métodos industriales en pastelería.
- Emplear técnicas y creativas en la presentación de postres, aplicando técnicas especializadas, utilizando utensilios adecuados y considerando la armonización de ingredientes y la elección de la vajilla para lograr presentaciones atractivas, funcionales y estéticamente equilibradas.

Adquisición de habilidades de aprovisionamiento y organización de materias primas propias de una despensa básica de pastelería

Contenido

1. Introducción
2. Aprovisionamiento y organización de materias primas
3. Harina y sus distintas clases y usos
4. Tipología de los distintos azúcares y edulcorantes
5. Otros ingredientes como: huevos, levadura, leche, nata y suflés, aceite, mantequilla y grasas, entre otros
6. El cacao. Sus variedades y derivados
7. Fruta y productos derivados (mermeladas, confituras, etc.)
8. Desarrollo de conocimientos enfocados al uso de yogures, gelatinas, especias, aromatizantes y productos de decoración comestible
9. Resumen

Objetivos

El objetivo general de esta Unidad de Aprendizaje es:

→ Desarrollar las habilidades necesarias para el aprovisionamiento, clasificación y organización de materias primas esenciales en una despensa básica de pastelería, comprendiendo sus características, usos y aplicaciones en la elaboración de productos de repostería.

Los objetivos específicos de esta Unidad de Aprendizaje son:

→ Identificar y clasificar adecuadamente las materias primas fundamentales en pastelería, garantizando su correcta organización y almacenamiento.

→ Diferenciar los tipos de harinas y sus aplicaciones en repostería.

→ Conocer la tipología de los distintos azúcares y edulcorantes.

→ Analizar el papel de ingredientes básicos en la formulación de recetas de pastelería.

1. Introducción

La pastelería es un arte que combina precisión, creatividad y conocimiento profundo de sus materias primas. La calidad de un postre no solo reside en la habilidad del pastelero, sino también en la adecuada selección y organización de los ingredientes que emplea. Por ello, tener un aprovisionamiento eficiente y una organización impecable de los componentes en la despensa se vuelve crucial para crear obras maestras gastronómicas con los más altos estándares.

Imagina la confección de un pastel perfecto; su éxito no se mide solo por su aspecto visual, sino también por la sinfonía de sabores que despliega con cada bocado. Para lograrlo, el buen uso y combinación de los ingredientes básicos es primordial.

Para comprender mejor cómo aplicar estos conocimientos en un entorno real, tomaremos como referencia el restaurante de Juan. Inicialmente, este establecimiento no elaboraba su propia pastelería, pero ha decidido renovar su propuesta gastronómica incorporando postres completamente preparados en sus cocinas. A lo largo de esta unidad, exploraremos los aspectos clave que Juan debe dominar para lograr una pastelería de alta calidad.

2. Aprovisionamiento y organización de materias primas

 HILO CONDUCTOR

Lo primero que debe saber Juan es que el aprovisionamiento y la organización de materias primas son fundamentales para garantizar la calidad y eficiencia en la producción. Contar con una despensa bien abastecida y estructurada permite optimizar los procesos, reducir desperdicios y asegurar la frescura de los ingredientes.

El aprovisionamiento consiste en la planificación y adquisición de los ingredientes necesarios para la elaboración de productos de pastelería. Para ello, es importante tener en cuenta factores como la demanda, la calidad de los insumos y las condiciones de almacenamiento.

2.1. Organización de la despensa en pastelería

Una buena organización es esencial para mantener el orden, optimizar el espacio y facilitar el acceso a los ingredientes. A continuación, veremos los principios básicos para lograrlo.

Principios de organización de la despensa

Un sistema adecuado de almacenamiento y clasificación de ingredientes no solo facilita el trabajo diario, sino que también garantiza la frescura, la seguridad y el correcto aprovechamiento de nuestra materia prima. Para lograrlo, es bueno seguir los siguientes principios:

- **Separación por categorías:** agrupar ingredientes similares para facilitar su identificación.
- **Etiquetado y rotulación:** indicar nombre, fecha de compra y caducidad de los productos.
- **Sistema FIFO** *(first in, first out):* usar primero los ingredientes más antiguos para evitar desperdicios.
- **Condiciones de almacenamiento adecuadas como:**

  - Ingredientes secos: conservar en recipientes herméticos en un lugar fresco y seco.
  - Lácteos y huevos: refrigerar a temperaturas adecuadas.
  - Chocolate y frutos secos: almacenar en lugares frescos para evitar que se deterioren.

 PARA SABER MÁS

En el siguiente enlace, podrás conocer en qué consisten los métodos FIFO y LIFO de almacenamiento.

https://redirectoronline.com/hotr00380101

3. Harina y sus distintas clases y usos

☞ HILO CONDUCTOR

Una de las principales materias primas que debe conocer Juan es la harina, muy versátil en el campo de la pastelería. Deberá conocer a la perfección sus propiedades y qué tipo de harina usar para cada una de las elaboraciones que vaya a realizar, para lograr así un producto final perfecto.

- -

La importancia de las harinas radica no solo en su papel estructural, sino también en cómo pueden influir en el sabor, la textura y el aspecto final del producto. Comprender las distintas clases de harina y sus aplicaciones específicas es crucial para cualquier pastelero que busque perfeccionar sus creaciones.

Harina de trigo básica en repostería

3.1. La harina de trigo: la base de la pastelería

La harina de trigo es, probablemente, la más comúnmente utilizada en la pastelería. Se deriva de la molienda del trigo y se clasifica principalmente en harina blanca y harina integral. La harina blanca puede subdividirse en varios tipos, cada uno diseñado para unos usos específicos:

- ➲ **Harina de todo uso:** tiene un contenido moderado de gluten que oscila entre el 8 % y el 11 %. Tal equilibrio la hace adecuada para una amplia gama de productos de pastelería, desde pasteles y galletas hasta panes rápidos y magdalenas.
- ➲ **Harina de pastelería y repostería:** con un contenido de gluten entre un 7 % y un 9 %, es perfecta para pasteles delicados y tartas.
- ➲ **Harina de fuerza:** contiene de un 12 % a un 14 % de gluten, y es apta para ciertos tipos de panes y bollería laminada.
- ➲ **Harina integral:** se elabora con todo el grano de trigo, incluido el salvado, por lo que es más rica en fibra. Es adecuada para panes integrales y algunas pastas.

 ## SABÍAS QUE...

Las harinas también pueden clasificarse según su fuerza, denominada W. Así, las harinas fuertes irán de W 400 a W 225, las de todo uso o panaderas irán de W 225 a W 60, y las de W 60 o inferior serán las de repostería.

3.2. Harinas alternativas al trigo: variedades y usos

Las harinas que no provienen del trigo son frecuentemente usadas para diversificar las texturas, sabores y perfiles nutricionales de los productos de pastelería.

Algunas alternativas fundamentales libres de gluten pueden ser:

Harina de almendra	Harina de arroz	Harina de maíz	Harina de coco	Harina de garbanzo

3.3. Selección de la harina adecuada para cada preparación

La elección de la harina correcta depende de varios factores, incluyendo la textura deseada, el tipo de producto y cualquier consideración dietética especial. Aquí te damos algunas pautas para decidir cuál usar según el caso:

- **Galletas y bizcochos:** harina de repostería o de todo uso (permite que, una vez horneados, permanezcan tiernos).
- **Panes integrales:** harina integral o una mezcla de integral y blanca.
- **Tartas y pasteles ligeros:** la harina de pastelería proporcionará una miga tierna y delicada.
- **Recetas sin gluten:** mezclas de harinas sin gluten, como las de almendra, arroz y garbanzo.

 ## APLICACIÓN PRÁCTICA

En el restaurante necesitamos preparar varios postres. ¿Podrías indicarnos qué tipo de harina se debe usar en cada uno: harina floja o de repostería, harina de maíz, harina de todo uso o harina de fuerza?

- **Magdalenas**
- **Brownie**
- **Croissant**
- **Tarta de chocolate sin gluten**
- **Cookies**
- **Tartaletas de frutas**

Solución

Para las magdalenas, la harina floja o de repostería nos proporcionará una miga más tierna.

En el *brownie,* usaremos harina floja o de repostería, que nos proporcionará jugosidad.

En el *croissant,* usaremos la harina de fuerza con alto contenido en gluten, que absorbe muy bien los líquidos de la masa, y es la más adecuada para formar masas fermentadas.

La tarta de chocolate sin gluten llevará harina de maíz o una mezcla con harina de arroz, que nos dará la misma consistencia que una harina de trigo, pero sin el gluten.

En el caso de las *cookies,* la harina de todo uso hará que sean más suaves.

Continúa en página siguiente >>

<< Viene de página anterior

Para las tartaletas de frutas, la harina de todo uso será la base de la pasta brisa, que es de textura de una galleta, y que hará que sea más suave.

3.4. Consideraciones sobre el almacenamiento y la frescura de la harina

El almacenamiento adecuado de la harina es crucial para mantener sus cualidades intactas. A continuación, te damos algunos consejos para su correcta conservación:

Almacena la harina en recipientes herméticos, en un lugar fresco y oscuro, para prevenir la absorción de humedad y los olores.

Considera refrigerar o congelar harinas integrales o aquellas con alto contenido de aceites naturales (como la harina de almendra), para prolongar su frescura.

Antes de usar, comprueba visualmente las harinas por si hay indicios de moho y huélelas para detectar cualquier signo de rancidez.

NOTA

Las harinas son susceptibles de sufrir deterioro si se exponen al aire, a la humedad y a la luz.

3.5. Innovación y aplicaciones futuras de las harinas

El auge del interés por las dietas sin gluten y saludables ha llevado a un florecimiento en la innovación en el campo de las harinas. Están empezando a aparecer en el mercado harinas de fuentes menos comunes, como el amaranto, la quinoa y legumbres como los guisantes.

La comprensión de las distintas variedades de harina y su aplicación adecuada es una herramienta poderosa en las manos del pastelero moderno.

 PARA SABER MÁS

Existe una normativa que regula la calidad para las harinas, las sémolas y otros productos de la molienda de los cereales. Accede a ella a través del siguiente enlace.

https://redirectoronline.com/hotr00380102

4. Tipología de los distintos azúcares y edulcorantes

 HILO CONDUCTOR

Para implementar postres en su restaurante, Juan necesita explorar los diferentes tipos de azúcares y edulcorantes, su origen, sus características y sus aplicaciones en la repostería. Este conocimiento le brindará las herramientas para seleccionar el más adecuado según cada elaboración.

En el mundo de la pastelería, el arte y la ciencia de los sabores se entrelazan para crear experiencias sensoriales únicas y memorables. Comprender los distintos tipos de azúcares y edulcorantes disponibles permite a los pasteleros elegir los ingredientes más adecuados.

Diferentes tipologías de azúcares

4.1. Azúcares comunes

Los azúcares más usados en pastelería son conocidos como azúcares comunes, y la mayoría de ellos son derivados de la caña de azúcar o de la remolacha azucarera.

Las principales variedades son:

Azúcar cristal
- Características: es la forma más refinada, y se utiliza a menudo como un estándar en recetas.
- Usos: ideal para endulzar masas, batidos, merengues y mermeladas.

Azúcar glas o impalpable
- Características: azúcar blanco molido hasta que se convierte en un polvo muy fino.
- Usos: indispensable para glaseados, pastas de azúcar y decoraciones.

Continúa en página siguiente >>

<< Viene de página anterior

Azúcar moreno
- Características: el azúcar moreno contiene melaza.
- Usos: enriquece productos de horno como galletas, tartas y pasteles.

Azúcar turbinado
- Características: mínimamente refinado, mantiene componentes naturales, como la melaza.
- Usos: ideal para espolvorear sobre tartas y galletas para añadir un toque crujiente particular.

Azúcar perlado y en terrones
- Características: el perlado es popular en repostería belga, mientras que el terrón es una presentación práctica para acompañar bebidas calientes.
- Usos: decoraciones fantásticas, principalmente en roscones y brioches.

4.2. Edulcorantes alternativos

A medida que las necesidades dietéticas y las preferencias de salud han cambiado, se ha puesto un nuevo énfasis en la búsqueda de alternativas menos calóricas al azúcar común.

Algunas de las alternativas que nos encontramos al azúcar en el mercado son:

Miel
- Características: producto de origen natural elaborado por abejas, aporta dulzura.
- Usos: adecuada para productos de pastelería que requieren buena retención de humedad.

Jarabe de arce
- Características: extraído de la savia de los arces, su sabor es único y muy destacable.
- Usos: empleado en recetas que buscan emular sabores otoñales, como galletas y pasteles.

Continúa en página siguiente >>

<< Viene de página anterior

Melaza
- Características: un subproducto denso y oscuro del proceso de refinamiento del azúcar.
- Usos: en recetas tradicionales o de inspiración rústica, como gingerbread o bizcochos ingleses.

Sirope de ágave
- Características: procedente de la planta de ágave, más dulce que el azúcar pero de índice glucémico bajo.
- Usos: preferido en recetas de postres veganos y saludables.

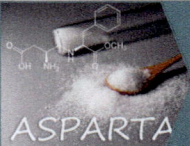

Edulcorantes sintéticos
- Características: químicos artificiales como el aspartamo, la sucralosa u otros.
- Usos: en productos de pastelería que requieren control estricto de calorías y azúcar.

4.3. Azúcares y consideraciones nutricionales

Al elegir qué azúcar utilizar es importante también considerar el valor nutricional y el proceso digestivo implicado.

En el siguiente esquema podrás observar una comparativa entre azúcares naturales y procesados, como el índice glucémico en la salud y las tendencias del uso de los azúcares:

Azúcares naturales vs. procesados
- Los azúcares naturales, provenientes directamente de frutas y vegetales, tienden a ser más nutritivos, al retener algunas vitaminas y minerales.
- Los azúcares procesados son altamente refinados y carecen de nutrientes adicionales. Elegir el tipo adecuado depende de si se busca priorizar la pureza, el gusto o la nutrición.

Índice glucémico y su impacto en la salud
- El azúcar y sus alternativas animan al aumento de la glucosa en sangre. Es fundamental comprender el impacto del índice glucémico en personas con diabetes.

Continúa en página siguiente >>

<< Viene de página anterior

> **Tendencias contemporáneas**
> - Como resultado de la conciencia global acerca del sobrepeso y enfermedades relacionadas, se observa un cambio hacia el uso de edulcorantes y azúcares con perfiles más saludables.

5. Otros ingredientes como: huevos, levadura, leche, nata y suflés, aceite, mantequilla y grasas, entre otros

👉 HILO CONDUCTOR

Por otro lado, un buen conocimiento del resto de materias primas (como huevos, levadura, leche, etc.) hará que Juan domine a la perfección los ingredientes a usar en cada de las elaboraciones que decida instaurar en su restaurante.

Hay otros ingredientes (como huevos, levadura, leche, nata y suflés, aceite, mantequilla y grasas) que son componentes esenciales en pastelería, cuya correcta selección y manejo son fundamentales para lograr los resultados deseados en diferentes preparaciones.

Ingredientes básicos en la preparación de postres

5.1. Huevos

El huevo es uno de los ingredientes más versátiles en la pastelería. La yema y la clara cumplen distintas funciones: la clara aporta aire y estructura, sobre todo al hacer merengues, mientras que la yema, rica en grasas, confiere suavidad y color a las preparaciones. Su capacidad emulsionante es clave para integrar grasas y líquidos, logrando masas uniformes y homogéneas.

En las preparaciones de pasteles y suflés, el huevo actúa como **agente leudante.** Al batirse, las proteínas de la clara atrapan el aire, que se expande al hornearse, proporcionando volumen y liviandad.

 DEFINICIÓN

Agentes leudantes
Son aquellas sustancias capaces de producir o incorporar gases en productos que van a ser horneados, con el objeto de aumentar su volumen y producir cierta forma y textura en su fase de masa final.

5.2. Levadura

La levadura es un agente crucial para el crecimiento de masas fermentadas, y juega un papel decisivo en la elaboración de panes y ciertas masas hojaldradas.

En pastelería, la levadura biológica y la química son las más empleadas.

Levadura biológica	Levadura química
- Compuesta de microorganismos vivos, actúa fermentando los azúcares presentes en la masa, liberando dióxido de carbono y etanol, lo cual genera el crecimiento de la masa.	- También llamada polvos de hornear o impulsor, es una mezcla de ácido y bicarbonato que, al activarse con humedad y calor, produce gas instantáneamente. Utilizada en bizcochos y ciertos tipos de pasteles que no requieren un proceso de fermentación prolongado.

IMPORTANTE

La selección adecuada según la receta y el preciso tiempo de fermentación o reacción son fundamentales para asegurar la textura y sabor deseados, variando desde estructuras ligeras y aireadas hasta estructuras más densas y jugosas.

TAREA 1

Juan, propietario de un restaurante, desea ofrecer bollería fresca a diario para mejorar la calidad de sus desayunos y atraer a más clientes. Para lograrlo, necesita elegir la levadura adecuada para sus elaboraciones.

¿Qué tipo de levadura debería emplear Juan para sus elaboraciones?

5.3. Leche

La leche, en sus diferentes formas y presentaciones, aporta sabor, humedad y estructura a los productos horneados. Además del agua, contiene proteínas, grasas y azúcares que influyen en el color y el desarrollo de la masa.

La leche actúa en la formación del gluten y en la caramelización, y es crucial para lograr costras doradas y sabrosas.

IMPORTANTE

Su aplicación varía desde la leche líquida y evaporada hasta la leche en polvo, y cada una contribuye de manera distinta a las preparaciones.

5.4. Nata y suflés

La nata, o crema de leche, es rica en grasas y actúa tanto como emulsionante como aireante en diversas preparaciones. Comúnmente utilizada en la elaboración de cremas batidas, helados y salsas, la nata aporta una textura suave y rica que eleva la calidad organoléptica de los postres.

Los suflés son una preparación que combina la ligereza de los huevos con ingredientes saborizantes —y, a menudo, nata—, y son un reto para cualquier pastelero. Necesitan una correcta técnica de batido y cocción para lograr esa textura esponjosa característica. Es esencial integrar los ingredientes con delicadeza y precisión para evitar la pérdida de volumen.

 PARA SABER MÁS

En el siguiente enlace se ofrecen algunos consejos para hacer un suflé perfecto. Accede desde aquí.

https://redirectoronline.com/hotr00380103

5.5. Aceite

El aceite es otro ingrediente importante en la pastelería, usado en diversas preparaciones para la incorporación de grasa sin la solidez de la mantequilla. Los aceites vegetales son ideales para obtener masas suaves y húmedas, como en los panes rápidos y reposterías, que demandan una textura más ligera y uniforme.

 **VÍDEO**

En el siguiente vídeo podrás ver ejemplos de uso del aceite en nuestros postres. Accede desde aquí.

https://redirectoronline.com/hotr00380104

5.6. Mantequilla y grasas

La mantequilla y otras grasas sólidas son elementos imprescindibles para aromatizar y suavizar masas y cremas. Afectan fundamentalmente la textura final y el sabor. La mantequilla es especialmente venerada por su capacidad para producir una miga tierna y un sabor inigualable.

Las grasas permiten producir masas quebradas y laminadas perfectas, como hojaldres y *croissants.* Al frío, las grasas se solidifican, contribuyendo a la estructura de capas, mientras que al calor se derriten, generando el característico laminado.

 SABÍAS QUE...

La mantequilla anhidra es un producto derivado de la mantequilla en el que se ha eliminado prácticamente toda el agua y los sólidos no grasos. Contiene alrededor del 99,8 % de materia grasa y menos del 0,2 % de humedad y es muy usada tanto en bollería como en heladería.

5.7. Otros ingredientes

Otros ingredientes fundamentales en la repostería serían los frutos secos. Se pueden usar enteros, troceados, molidos o en forma de harinas, pastas y cremas. Los más usados son las almendras, los piñones y el ahora muy demandado pistacho.

Los quesos también juegan un papel fundamental en la elaboración de postres, ya que aportan cremosidad, sabor y textura. Dependiendo del tipo de queso, podrá utilizarse para rellenos, masas, coberturas o incluso como base del postre.

 PARA SABER MÁS

En el siguiente enlace descubrirás cuál es el mejor queso para realizar tartas de queso. Accede desde aquí.

https://redirectoronline.com/hotr00380105

6. El cacao. Sus variedades y derivados

 HILO CONDUCTOR

Si hay un ingrediente capaz de conquistar a todo el mundo, sin importar la edad, el lugar o el momento, ese es el cacao. No es casualidad que ningún gran restaurante se prive de incluir un postre de chocolate en su carta, como es el caso de Juan, en cuya carta de postres el ingrediente principal es el chocolate.

El cacao es mucho más que chocolate: es parte de nuestra historia, desde sus distintas variedades hasta sus múltiples derivados.

6.1. Variedades del cacao

El cacao *(Theobroma cacao)* es un árbol tropical cuyo fruto es la base del chocolate. En términos generales, las principales variedades del cacao se dividen en tres grupos:

⊃ **Cacao criollo**

- Granos de color claro y textura más suave.
- Un perfil de sabor más complejo y aromático, con notas frutales, florales y de frutos secos.
- Producción limitada y costes más elevados en el mercado.

⊃ **Cacao forastero**

- Representa aproximadamente el **80-90 % de la producción mundial de cacao.**
- Granos de color más oscuro y mayor contenido de taninos.
- Sabor más amargo y menos aromático en comparación con el criollo.
- Se utiliza principalmente en la producción de chocolates comerciales y mezclas industriales.

⊃ **Cacao trinitario**

- Es un híbrido entre el criollo y el forastero.
- Ofrece equilibrio entre sabor, aroma y resistencia.
- Notas de frutas, flores y especias, con menos amargor que el forastero.
- Se cultiva en países como Venezuela, Trinidad y Tobago, República Dominicana y Colombia.

Nacional   Forastero   Criollo   Trinitario

Variedades de cacao

6.2. Derivados del cacao

Los derivados del cacao nos revelan su versatilidad en formas que van más allá del chocolate, ofreciendo sabores y texturas que enriquecen la gastronomía y la industria. Los principales derivados son:

- **Pasta de cacao:** también conocida como masa de cacao. Es la base principal para la fabricación de chocolate.
- **Manteca de cacao:** se extrae al prensar la pasta de cacao, separando los sólidos de la grasa.
- **Cacao en polvo:** es el residuo seco obtenido tras la extracción de la manteca de cacao de la pasta de cacao.
- **Chocolate:** el chocolate es uno de los derivados más populares del cacao, elaborado a partir de la combinación de pasta de cacao, manteca de cacao y azúcar.

6.3. El chocolate. Tipos y composición

El chocolate es derivado del cacao, desde el amargo e intenso chocolate negro hasta la dulzura del blanco.

Tipos de chocolate

En el mercado, podemos encontrar los siguientes tipos de chocolates:

- **Chocolate negro o amargo:** es el más puro y contiene un alto porcentaje de cacao (entre el 50 % y el 99 %), poca o ninguna leche y menos azúcar. Se usa en repostería, bombones y chocolates *premium*.

- **Chocolate con leche:** contiene entre un 25 % y 50 % de cacao, junto con leche en polvo o condensada y azúcar. Es popular en confitería, tabletas y bombones.
- **Chocolate blanco:** no contiene pasta de cacao, sino únicamente manteca de cacao, azúcar y leche. Se usa en repostería y productos de confitería.
- **Chocolate *ruby*:** es una variedad reciente obtenida de granos de cacao *ruby,* que poseen un color rosado natural y un sabor afrutado sin colorantes ni saborizantes añadidos. Se utiliza en confitería *gourmet.*

 PARA SABER MÁS

En el siguiente enlace podrás saber más sobre los usos del chocolate *ruby.* Accede desde aquí.

https://redirectoronline.com/hotr00380106

7. Fruta y productos derivados (mermeladas, confituras, etc.)

 HILO CONDUCTOR

Juan y su equipo tienen muy claro que en los postres de restauración las frutas no solo aportan sabor, sino que también equilibran, refrescan y realzan cada creación. Para ello, ven la necesidad de que siempre estén incorporadas en su carta.

En el arte de la pastelería, las frutas y sus derivados son componentes esenciales que no solo enriquecen el sabor de las preparaciones, sino que también aportan textura, color y un toque fresco y natural a una amplia variedad de postres.

Variedades de fruta

7.1. Importancia de las frutas en la pastelería

La fruta es una de las materias primas más versátiles y apreciadas en el mundo de la repostería. El uso de frutas frescas es primordial para conservar la esencia y los matices de sabor originales.

 PARA SABER MÁS

En el siguiente enlace podrás saber más sobre los usos de la fruta en la pastelería. Accede desde aquí.

https://redirectoronline.com/hotr00380107

7.2. Productos derivados de la fruta (mermeladas, confituras, etc.)

Dado que las frutas son perecederas, transformarlas en productos derivados se convierte en una técnica valiosa para prolongar su uso y versatilidad en la cocina.

Estos derivados de la fruta son los siguientes:

- **Mermeladas:** las mermeladas se elaboran cociendo frutas con azúcar y pectina, lo que resulta en una mezcla espesa que es perfecta para rellenar pasteles, *croissants,* o como capa en tartaletas.
- **Confituras:** a diferencia de las mermeladas, las confituras poseen mayores trozos de fruta visibles y pueden acompañar desde tostadas en desayunos hasta sofisticados rellenos de tarta.
- **Jaleas:** las jaleas se elaboran a partir del jugo de fruta, al que se añade azúcar y gelificante. Resultan perfectas para glasear frutas en tartas o como espectacular brillo sobre una tarta afrutada.
- **Frutas confitadas y escarchadas:** estas frutas se cocinan en almíbar. Es habitual su uso en panetones, *brioches* y como decoraciones en bizcochos.
- **Compotas y purés:** los purés ofrecen versatilidad en *mousse* cargada de sabores específicos.

7.3. Selección y tratamiento de frutas

El aprovisionamiento adecuado de frutas en la despensa de la pastelería exige una cuidadosa planificación. Las frutas deben seleccionarse según la temporada, para asegurar su frescura y su sabor óptimo.

Lavar, pelar y cortar son tratamientos básicos y fundamentales. Sin embargo, pueden ser necesarios tratamientos adicionales, como blanqueado, pasada en almíbar o marinados con especias para potenciar sabores.

7.4. Innovaciones y tendencias en el uso de frutas en pastelería

En los últimos años, las tendencias en pastelería han traído al frente un mayor enfoque sobre ingredientes naturales y productos que ofrecen perfiles de sabor no convencionales.

Prácticas sostenibles, como el aprovechamiento integral de frutas, presentan un camino hacia una pastelería más ecológica. Resulta cada vez más común ver en la carta de postres del restaurante preparaciones que utilizan desde la piel hasta el corazón de las frutas, para brindar una experiencia completa que evoca el respeto por el producto.

Además, la incorporación de técnicas de deshidratación, fermentación y liofilización permite transformar las frutas y extraerlas de su contexto convencional.

 PARA SABER MÁS

En el siguiente artículo podrás conocer qué son exactamente los alimentos liofilizados, en qué consiste este proceso y si afecta a las propiedades nutricionales u organolépticas. Accede desde aquí.

https://redirectoronline.com/hotr00380108

8. Desarrollo de conocimientos enfocados al uso de yogures, gelatinas, especias, aromatizantes y productos de decoración comestible

 HILO CONDUCTOR

Dominar el uso de yogures, gelatinas, especias, aromatizantes y productos de decoración comestible, conociendo su uso y aplicación, no solo eleva la calidad de los postres, sino que aportará a la carta de Juan un toque de distinción y calidad.

En este apartado, exploraremos el papel esencial de algunos de estos ingredientes: yogures, gelatinas, especias, aromatizantes y productos de decoración comestible. Cada uno de estos elementos puede transformar un postre común en una obra de arte culinaria.

Postre a base de gelatinas y yogur presentado en vaso individual

8.1. Uso de yogures

El yogur se ha convertido en un ingrediente popular en la pastelería debido a su versatilidad. Rico en probióticos y nutrientes, el yogur puede sustituir ingredientes más pesados, como la crema y la mantequilla, para reducir el contenido calórico de los postres sin sacrificar sabor ni textura.

En la siguiente tabla observarás sus funciones, tipos y usos:

Funciones en pastelería	- El yogur aporta humedad a las masas, haciendo que los pasteles y *muffins* sean más tiernos. - Su acidez puede reaccionar con agentes leudantes, como el bicarbonato de sodio, para ayudar a elevar las masas.
Tipos de yogur	- Desde el yogur griego hasta el natural, pasando por los de sabores y desnatados.

Continúa en página siguiente >>

<< Viene de página anterior

Ejemplos de uso	- Bizcocho de yogur: al sustituir la leche por yogur, se obtiene un bizcocho húmedo y esponjoso. - Helados de yogur: en combinación con frutas, se puede crear un postre refrescante. - *Mousses* y cremas: utilizado en lugar de la nata.

8.2. Gelatinas

La gelatina es un agente gelificante que se emplea ampliamente en postres para añadir estructura y textura.

En el siguiente esquema podrás saber un poco más sobre ella:

Propiedades y uso básico	- Derivada del colágeno, su función principal es estabilizar y gelificar preparaciones líquidas.
Rehidratación y temperatura	- Las hojas de gelatina deben sumergirse en agua fría hasta que se ablanden. - La aplicación de calor suave es necesaria para disolver completamente la gelatina sin desnaturalizarla.
Ejemplos de uso	- Gelatinas de frutas: usadas para crear capas de gelatina que encapsulan la esencia de frutas frescas. - Tartas y pasteles fríos: como el *cheesecake* sin hornear, donde la gelatina aporta la estructura necesaria.

8.3. Especias

Las especias son fundamentales para convertir lo simple en extraordinario. Un simple toque de canela o cardamomo puede elevar los sabores de un postre ordinario a nuevos niveles.

Sus usos y las variedades más usadas son:

- ⮑ Las especias pueden realzar, contrastar o complementar los ingredientes básicos de un postre. La canela y la nuez moscada son famosas por impartir calidez, ideal para productos horneados como pasteles de manzana o calabaza.
- ⮑ Diferentes culturas emplean mezclas de especias características que pueden abrir nuevas ventanas a la creatividad en la repostería. La castigada mezcla de especias marroquí, el *chai* indio o las combinaciones especiadas de diferentes regiones asiáticas son ejemplos de ello.
- ⮑ El famoso té indio *masala chai* puede utilizarse para aromatizar suflés y platos de crema.
- ⮑ La flor de azahar, utilizada en la repostería mediterránea y del Medio Oriente, complementa sabores de almendra en tartas y dulces tradicionales.

 PARA SABER MÁS

Una de las tartas especiadas más conocidas es la tarta de calabaza. Accede al siguiente enlace para ver cómo se elabora.

https://redirectoronline.com/hotr00380109

8.4. Aromatizantes

Los aromatizantes juegan un papel crucial al perfumar y condimentar postres de una manera que enaltece los otros sabores. Los aromatizantes pueden ser tanto sintéticos como naturales.

A continuación, podrás ver más información sobre ellos:

Variedad y aplicaciones	- Desde extractos concentrados a esencias y emulsiones, los aromatizantes se utilizan para aportar sabor sin modificar la textura de las preparaciones, lo que es especialmente útil en glaseados, helados y chocolates.
Naturales vs. artificiales	- Los extractos naturales, como el de vainilla, proporcionan un aroma más auténtico y redondeado comparado con sus contrapartes artificiales, aunque los de origen sintético permiten una mayor consistencia y disponibilidad en sabores inusuales.
Ejemplos de uso	- Extracto de vainilla: equilibra sabores y añade un toque familiar y reconfortante. - Aceites esenciales y aguas florales: como el agua de rosas y el aceite esencial de lavanda, que imparten notas florales sutiles pero efectivas.

8.5. Productos de decoración comestible

La decoración comestible no solo añade belleza, sino también creatividad y sabor a los postres.

En el siguiente esquema podrás ver detallados sus tipos y usos:

Tipos de decoraciones	- Coberturas, placas de chocolate, hojas de oro y plata comestibles, pétalos de flores cristalizados, etc.
Equilibrio entre estética y sabor	- Aunque la presentación es clave, las decoraciones también deben complementar el sabor de los postres.

Continúa en página siguiente >>

<< Viene de página anterior

Ejemplos de uso	- Flores comestibles: violetas y rosas. Usadas tanto en decoración como en infusiones dentro del propio postre. - Polvos comestibles: los polvos dorado y plateado añaden un toque de lujo a tartaletas y trufas.

Flores comestibles

VÍDEO

Una decoración usada en tartas es la tela comestible. Puedes ver cómo se realiza en el siguiente vídeo. Accede desde aquí.

https://redirectoronline.com/hotr00380110

9. Resumen

La unidad de aprendizaje "Adquisición de habilidades de aprovisionamiento y organización de materias primas propias de una despensa básica de pastelería" se presenta como una guía esencial para entender y dominar la selección, almacenamiento y utilización de los ingredientes fundamentales en la elaboración de productos de pastelería.

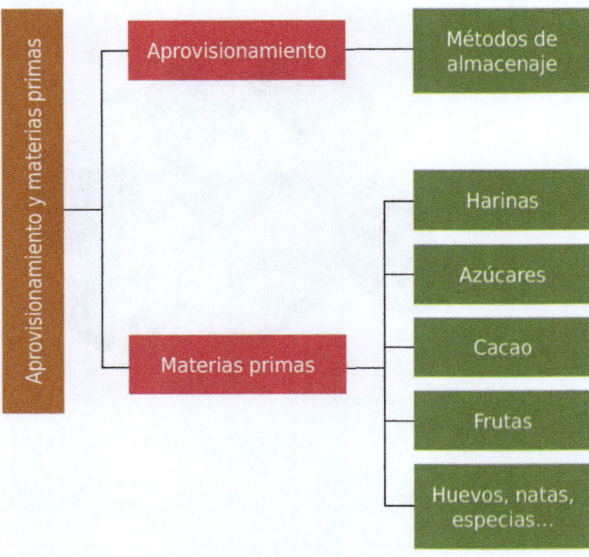

La pastelería depende de la correcta selección, organización y almacenamiento de sus materias primas para garantizar la calidad y la seguridad de los productos.

La harina es un ingrediente esencial; la de trigo es la base principal, aunque existen alternativas como la harina de almendra, arroz o centeno.

El azúcar juega un papel crucial, pero existen otras opciones más saludables sin sacrificar dulzor ni textura.

Otros ingredientes fundamentales incluyen huevos, levadura, leche y nata, y grasas como mantequilla o aceites, que afectan la untuosidad y humedad de las preparaciones.

El cacao y sus derivados son imprescindibles en la repostería.

Las frutas, por su parte, aportan frescura y acidez, y pueden usarse frescas, en purés, confitadas o deshidratadas.

Otros ingredientes complementarios pueden ser el yogur y la gelatina. Las especias y aromatizantes permiten elevar la complejidad del sabor en las preparaciones, y la decoración comestible, cada vez más sofisticada, realza la presentación y la experiencia sensorial de los postres.

Ejercicios de autoevaluación
Unidad de Aprendizaje 1

1. **¿Para la conservación de qué ingredientes usaremos el método FIFO?**

   a. Para producto perecedero
   b. Para producto de higiene
   c. Para producto no perecedero
   d. Para todos los productos

2. **¿Qué tipo de harina se usa principalmente en pastelería?**

   a. Harina de gran fuerza
   b. Harina de fuerza
   c. Harina de semifuerza
   d. Harina floja

3. **¿Qué nombre recibe la proteína de la harina?**

   a. Gluten
   b. Glucosa
   c. Almidón
   d. Ceniza

4. **¿Qué otro nombre recibe el azúcar glas?**

   a. Cristal
   b. Moreno
   c. Impalpable
   d. En terrones

5. **¿Qué levadura usaremos en la elaboración de un bizcocho?**

   a. Levadura biológica
   b. Levadura química
   c. Levadura líquida
   d. No se usa levadura.

6. Un suflé es una combinación de huevos y nata.

- ■ Verdadero
- ■ Falso

7. Indica si la siguiente oración es verdadera o falsa: "Las variedades de cacao que conocemos son: negro, con leche y blanco".

- ■ Verdadero
- ■ Falso

8. ¿Qué variedades de chocolate existen?

- a. **Criollo, forastero y trinitario**
- b. Negro, con leche y blanco
- c. Negro, con leche, blanco y *ruby*
- d. Soluble y con leche

9. ¿Qué aceites esenciales se usan en la elaboración de postres?

- a. **Aceite de girasol**
- b. Aceite de oliva
- c. Aceite de lavanda
- d. Aceite de coco

10. ¿Cuáles de las siguientes especias se usan en pastelería?

- a. Canela
- b. Pimienta negra
- c. Tomillo
- d. Albahaca

Desarrollo de las habilidades y conocimientos requeridos para la elaboración de distintos postres

Contenido

1. Introducción
2. Adquisición de los fundamentos de las principales preparaciones básicas
3. Composición y elaboración
4. Factores clave en la elaboración y conservación de postres
5. Integración de las preparaciones básicas de múltiples aplicaciones a base de azúcar, cremas, frutas, chocolate, almendras, masas y los factores a tener en cuenta en su elaboración, conservación y utilización
6. Preparaciones básicas en la industria pastelera
7. Resumen

Objetivos

El objetivo general de esta Unidad de Aprendizaje es:

→ Elaborar distintos postres, comprendiendo sus fundamentos, técnicas y procesos, desde las preparaciones básicas hasta la aplicación de métodos industriales en pastelería.

Los objetivos específicos de esta Unidad de Aprendizaje son:

→ Adquirir los fundamentos de las principales preparaciones básicas.

→ Comprender los principios de la composición y elaboración de postres.

→ Analizar los factores clave en la elaboración y conservación de postres.

→ Integrar las preparaciones básicas en múltiples aplicaciones.

→ Conocer las preparaciones básicas en la industria pastelera, sus retos y oportunidades.

→ Identificar la temperatura adecuada para la elaboración de un postre completo.

1. Introducción

Desarrollar las habilidades y conocimientos necesarios para la elaboración de una variedad de postres es una travesía culinaria que no solo deleita el paladar, sino que también alimenta la creatividad personal y eleva el entendimiento de los procesos detrás de cada exquisita creación.

Explorar estas habilidades comienza con el dominio de los fundamentos de las principales preparaciones básicas, que sirven de columna vertebral para un sinfín de postres. Con un profundo conocimiento de estas técnicas, se pueden crear delicias que van desde lo simple a lo magistral.

Conocer los factores que inciden en la elaboración y conservación de distintos postres puede marcar la diferencia entre un postre óptimo y uno mediocre. La integración de preparaciones básicas de múltiples aplicaciones amplifica la versatilidad del pastelero.

Finalmente, es importante reconocer el estrecho vínculo entre la pastelería artesanal y la industrial.

Durante el desarrollo de esta unidad, nos seguiremos basando en el caso de Juan, nuestro hostelero, que encontrará una riqueza de conocimientos y habilidades prácticas que no solo le servirán para replicar recetas exitosas, sino también para innovar, resolver problemas y crear una marca personal.

2. Adquisición de los fundamentos de las principales preparaciones básicas

 HILO CONDUCTOR

Juan debe conocer a la perfección las bases de la pastelería para, así, a partir de las preparaciones básicas, poder innovar en los postres que aparecerán en la carta de su restaurante.

El arte de la pastelería, una disciplina rica en tradición y creatividad, se sustenta en la maestría de sus fundamentos. Al profundizar en estas técnicas, se adquiere el conocimiento necesario para no solo replicar recetas clásicas, sino también para adaptarlas a nuestra visión única y a las tendencias contemporáneas en la gastronomía.

2.1. Preparaciones básicas en pastelería

Las preparaciones básicas en las que profundizaremos para poder desarrollar nuestras creaciones serán las descritas a continuación.

Masas y pastas

Siguiendo la clasificación profesional establecida, en las preparaciones básicas de pastelería se diferencia como grupo las "masas y pastas", dentro de las cuales se diferencia entre:

- **Masa quebrada:** conocida también como masa brisa o *pâtebrisée*. La masa quebrada se utiliza generalmente en tartas y quiches debido a su textura crujiente. Es una combinación de harina, mantequilla fría, agua y, a menudo, huevo, trabajados hasta obtener una mezcla arenosa antes de ser empastada.
- **Masa de hojaldre:** la masa de hojaldre se elabora mediante un laborioso proceso de laminado, que consiste en intercalar capas de mantequilla y masa a través de múltiples pliegues. Esta masa es la protagonista en postres como milhojas o corbatas.
- **Masa *choux*:** la masa *choux* es ligera y hueca, ideal para rellenar tanto con preparaciones dulces como saladas. Sus componentes son agua, mantequilla, harina y huevos; se cuece primero la masa en cazuela y luego se hornea para desarrollar esa notable estructura esponjosa. Se utiliza en profiteroles y *eclairs*.
- **Masas batidas:** constituyen la base de numerosos pasteles y bizcochos, caracterizándose por su textura ligera y esponjosa, lograda gracias a la incorporación de aire en la mezcla. Dependiendo de la técnica empleada y de los ingredientes utilizados, se obtienen distintas variedades:

  - **Bizcocho genovés:** una preparación lograda a través de la aireación de los huevos batidos (usualmente enteros) con azúcar, mezclados cuidadosamente con harina para conservar las burbujas de aire intactas.
  - **Bizcochos de mantequilla y *poundcakes*:** su nombre se refiere a la tradicional receta que usa una libra de cada ingrediente básico (mantequilla, azúcar, huevos y harina). Incorporar la mantequilla y el azúcar en una crema ligera es el paso primordial para obtener una textura adecuada.
  - **Pasteles de batido espumoso:** tipos de pasteles que emplean claras de huevo batidas para darles su textura esponjosa, similar a una esponja, o empleando un sifón para espumas.

 **PARA SABER MÁS**

A continuación te mostramos cómo hacer algunas de las elaboraciones que hemos explicado anteriormente. Accede desde aquí.

Hojaldre

https://redirectoronline.com/hotr00380201

***Choux* con crema de limón y frutos rojos**

https://redirectoronline.com/hotr00380202

Bizcocho genovés

https://redirectoronline.com/hotr00380203

Cremas básicas

Las cremas básicas son un pilar fundamental en la pastelería, ya que aportan textura, sabor y sofisticación a una gran variedad de postres. Las que más se utilizan son:

- **Crema pastelera:** consiste en una mezcla de leche, azúcar, yemas de huevo y almidón. La versatilidad de la crema pastelera permite variantes con infusiones de vainilla, chocolate o café, entre otras.
- *Ganache:* es una mezcla de nata y chocolate en diversas proporciones, dependiendo de la textura deseada. Al incorporar nata caliente sobre chocolate picado, lo funde suavemente, creando una mezcla homogénea.
- **Merengue:** es una técnica imprescindible que se forma a partir de claras de huevo batidas con azúcar. Existen tres tipos principales: merengue francés, italiano y suizo, cada uno adecuado para diferentes aplicaciones.

 PARA SABER MÁS

En el siguiente enlace podrás ver cómo se elabora la crema pastelera. Accede desde aquí.

https://redirectoronline.com/hotr00380204

Salsas básicas y *coulis*

Estas salsas no solo complementan los postres, sino que también potencian sus sabores y mejoran su presentación. Las más utilizadas son:

- **Salsas básicas:** las tradicionales salsas de vainilla y chocolate, o la salsa de caramelo. Debemos evitar la sobrecocción, que provocaría una textura no deseada o el caramelizado excesivo.

⊃ *Coulis:* se utiliza para añadir color y sabor a postres como tartas y helados. El *coulis* es una preparación a partir de puré de frutas frescas, azucaradas y ligeramente reducidas o no cocinadas.

 PARA SABER MÁS

Si quieres saber cómo elaborar caramelo salado, accede al siguiente enlace.

https://redirectoronline.com/hotr00380205

Almíbares, mermeladas y confituras

En pastelería, estos tres preparados cumplen funciones clave para aportar sabor, humedad, textura y conservación a las elaboraciones. Cada uno se obtiene mediante técnicas y proporciones específicas de ingredientes, adaptadas al tipo de receta y al resultado deseado. Sus características principales son:

υ **Almíbares:** son esenciales para humedecer bizcochos y crear uniones de sabor en muchas preparaciones pasteleras. Pueden ser simples, como el típico almíbar de agua, azúcar, que llevamos a ebullición a partes iguales, y esencias, o más complejos con la incorporación de especias y licores.

υ **Mermeladas y confituras:** se hacen cocinando frutas y azúcar hasta obtener una textura espesa, y se añade pectina según la fructuosidad de la fruta.

 **PARA SABER MÁS**

En los siguientes enlaces podrás conocer a fondo cada tipo de masa básica y cómo usar cada tipo de merengue. Accede desde aquí.

https://redirectoronline.com/hotr00380206

https://redirectoronline.com/hotr00380208

 **APLICACIÓN PRÁCTICA**

Juan está implantando la carta de postres en su restaurante; ha elegido varias tartas, pero debe elegir la preparación base de las masas que las componen. Relaciona cada tarta con su masa correspondiente (masa quebrada, hojaldre, masa *choux*, bizcocho genovés).

- Milhoja
- Tarta Saint Honoré
- Tarta de fresas y nata
- Tartaleta de frutas

Continúa en página siguiente >>

<< Viene de página anterior

Solución

La masa de hojaldre es ideal para la milhoja, debido a su estructura laminada, crujiente y ligera. Al hornearse, esta masa se eleva formando múltiples capas doradas que aportan textura y contraste a los rellenos cremosos (nata, crema pastelera, etc.).

La masa *choux* es fundamental en esta tarta porque permite la elaboración de los pequeños profiteroles que decoran la parte superior del postre. Es una masa ligera, hueca y aireada que, tras el horneado, puede rellenarse fácilmente con crema.

El bizcocho genovés es la elección perfecta para este tipo de tarta porque es ligero, esponjoso y absorbe bien la humedad de la nata y las fresas.

La masa quebrada aporta una base firme, crujiente y ligeramente dulce, perfecta para sostener el peso de la crema pastelera y la fruta fresca sin humedecerse rápidamente.

2.2. Decoraciones y acabados finales

La presentación visual de un postre es tan importante como su sabor. Un acabado perfecto es aquel que combina texturas, colores y proporciones adecuadas para presentar el postre en su mejor luz. Ser meticuloso en la implementación de estas técnicas es esencial para asegurar que cada postre no solo sea delicioso, sino también visualmente impactante.

El dominio de las principales preparaciones básicas abre la puerta a la ejecución fiel de recetas tradicionales, y permite al pastelero aventurarse en la creación de nuevos sabores y experiencias culinarias.

Decoración final de un postre

 **VÍDEO**

En el siguiente vídeo aprenderás a realizar decoraciones sencillas con chocolate que harán más vistosos tus postres. Accede desde aquí.

https://redirectoronline.com/hotr00380209

---

3. Composición y elaboración

👉 **HILO CONDUCTOR**

La pastelería es una disciplina culinaria que requiere un equilibrio preciso entre creatividad, técnica y conocimiento profundo de los ingredientes y sus propiedades. Juan debe saber que la composición y elaboración de postres en la pastelería de su restaurante es un viaje de constante innovación y refinamiento.

En este apartado, se abordará la esencia de la composición y la elaboración de postres en el contexto de la restauración, donde la innovación y la consistencia son cuestiones clave. Nos adentraremos en cómo construir un postre desde sus componentes más simples hasta su presentación final.

Brownie con crema batida, coulis de frutos rojos, crocante de frutos secos y frutas frescas

3.1. Principios de la composición de postres

Los chefs pasteleros no solo buscan sabores agradables, sino también texturas, colores y formas armónicas que complementen una comida completa de manera satisfactoria.

 **DEFINICIÓN**

Composición de un postre
Proceso de selección, combinación y estructuración de diversos elementos para crear una experiencia culinaria completa.

La composición puede dividirse en varios aspectos fundamentales:

> **Balance de sabores**
> - Un postre bien concebido ofrece un equilibrio perfecto entre dulzura, acidez, amargor y salinidad.

> **Contrastes de texturas**
> - Los postres deben ofrecer una variedad de texturas para deleitar al consumo. La combinación de suave, crujiente, cremoso y esponjoso en un mismo postre puede enriquecer la experiencia del comensal.

Continúa en página siguiente >>

<< Viene de página anterior

> **Armonía visual**
> - La presentación es crucial en la pastelería. El atractivo visual de un postre puede afectar las expectativas y la percepción del sabor.

 **EJEMPLO**

Una tarta de limón con merengue debe equilibrar la acidez característica del limón con un dulce merengue, para lograr una experiencia gustativa que no sea sobrecogedora ni monótona. De igual modo, incorporar un toque de sal en una preparación de chocolate puede realzar sus sabores naturales, proporcionando un contraste sutil que enriquece el perfil gustativo.

Emplatado que define armonía visual: equilibrio de colores, proporción de colores, equilibrio de texturas...

3.2. Elaboración de postres: técnicas esenciales

La elaboración de postres abarca tanto técnicas clásicas como modernas, y el enfoque puede variar desde la sencillez de un pastel básico hasta las complejidades de una creación de autor *gourmet*.

Nos basaremos en las técnicas descritas a continuación.

Técnicas básicas de preparación

La repostería es el equilibrio entre arte y ciencia, donde cada técnica aplicada influye en la calidad del producto final. Procesos como los siguientes son esenciales para lograr postres con la textura, estructura y sabor deseados:

- **Batido y mezcla:** se trata de unir dos o más ingredientes mediante la aplicación de movimientos más o menos enérgicos. El proceso da lugar a un producto nuevo en el que, a su vez, es posible observar la incorporación de aire. Un ejemplo es la preparación de la *ganache*. La técnica de batido o mezcla con base grasa, mediante ingredientes como la mantequilla o las yemas de huevo en mezclas acuosas de manera suave y controlada, logra una textura uniforme y estable.
- **Emulsionado:** son preparados en los que se integran dos o más ingredientes miscibles o no, y en los que, a su vez, la introducción de aire aporta una textura esponjosa, más aún si los ingredientes utilizados son grasos o ricos en proteínas. A mayor incorporación de aire, más ligero y esponjoso será el preparado obtenido. Un claro ejemplo se da en el proceso de obtención de las claras emulsionadas a punto de nieve, fundamentales para la preparación de merengues o suflés.
- **Amasado y laminado:** el amasado es una técnica que permite desarrollar el gluten en masas con harina de trigo, proporcionando elasticidad y estructura. Existen diferentes tipos de amasado según el producto deseado: el amasado intensivo para masas de panificación, el amasado suave para masas quebradas o de tartas, y el amasado intermedio para masas enriquecidas como el brioche. Mediante el boleado de piezas, damos forma a porciones individuales de masa. El laminado es un proceso clave en la elaboración de masas hojaldradas y *croissants*. Consiste en extender la masa en capas finas alternadas con materia grasa, como mantequilla, mediante pliegues sucesivos.
- **Cocción al horno:** un horno de convección es ideal para tipos de pasteles y masas que se benefician de un acabado dorado, texturas crujientes o tiempos de cocción más cortos (hojaldre), y un horno estático es ideal para ciertos tipos de masas de pastelería que requieren una cocción más suave y delicada *(cheesecake)*.

PARA SABER MÁS

En el siguiente enlace podrás saber cómo se obtiene una emulsión y cuáles son sus aplicaciones. Accede desde aquí.

https://redirectoronline.com/hotr00380210

Técnicas avanzadas y modernas de preparación

Las técnicas avanzadas y modernas han transformado la repostería, permitiendo nuevas texturas, presentaciones innovadoras y una mayor precisión en la elaboración de postres. Algunas de ellas son:

- **Cocción al vacío y *sous-vide*:** permite infusiones precisas de sabores y texturas mejoradas en componentes como las frutas escalfadas.
- **Uso de gelificantes y espesantes nuevos:** ingredientes como el agar-agar, la goma xantana y el texturizante alginato hacen posible la creación de esferas, espumas y geles.
- **Deshidratación y liofilización:** la deshidratación es una técnica popular que ayuda a conservar los ingredientes mientras maximiza su intensidad de sabor y les confiere textura crujiente. La liofilización es, ante todo, un procedimiento de conservación de alimentos que se basa en su deshidratación absoluta, o sea, en la eliminación total del agua presente de forma natural en dicho alimento.

PARA SABER MÁS

En el siguiente enlace verás cómo se lleva a cabo el proceso de liofilización. Accede desde aquí.

https://redirectoronline.com/hotr00380211

VÍDEO

En el siguiente enlace verás cómo se lleva a cabo la realización de esferificaciones con fruta. Accede desde aquí.

https://redirectoronline.com/hotr00380212

3.3. Desarrollo de recetas originales

Crear recetas propias implica entender no solo las técnicas, sino también cómo armonizar nuevos elementos en la estructura de un postre.

Para lograr desarrollar recetas innovadoras, nos basaremos en los siguientes principios:

- ➲ **Investigación de ingredientes:** desde frutas tropicales poco comunes hasta especias exóticas, la posibilidad de explorar da pie a la creación de perfiles de sabor únicos. Por ejemplo, a una tarta clásica de manzana podemos cambiarle la manzana por mango, o en una *lemon pie* podemos sustituir el *lemon curd* por una crema de maracuyá, con base ácida como el limón.
- ➲ **Experimentación con sabores:** las pruebas de cata son esenciales para ajustar fórmulas y recibir retroalimentación valiosa. Múltiples iteraciones de un mismo postre permiten refinar la textura, el sabor y la presentación. Por ejemplo, la inclusión de té matcha a un bizcocho o masa *sablée* aporta su delicado color verde y su ligero sabor terroso.
- ➲ **Ajuste de recetas según el entorno:** después de crear una receta inicial, es crucial considerar el entorno donde se servirá: el clima, la ocasión y la población objetivo pueden influir en ajustes necesarios. Por ejemplo, para una pavlova realizada en zona caribeña, podemos cambiar los frutos rojos por frutas tropicales como piña o mango.

Pastel de pavlova (postre de merengue) con crema batida, bayas frescas, menta e higo

3.4. Presentación y servicio

La sección final en la composición de un postre es su presentación y servicio, lo que puede afectar significativamente la percepción del comensal.

Podemos optar desde un emplatado a la americana, en el que el postre viene ya terminado a la mesa desde la cocina, o un emplatado con el uso de *rechaud,* en el que el postre puede ser flambeado a la vista del cliente.

Los aspectos más importantes a tener en cuenta en la presentación y servicio de un postre son los siguientes:

Plating o emplatado
- El *plating* de un postre no solo influye en su estética, sino también en su funcionalidad y accesibilidad. Los diseñadores de platos o fuentes también entran en juego, contribuyendo a una experiencia general más cohesiva.

Experiencia del comensal
- La manera en que un postre es experimentado no solo incluye su sabor y textura, sino también el uso de herramientas adecuadas para su consumo. Por ejemplo: el uso de cuchillo afilado para postres con capas, que ofrece un corte más limpio, o el uso de cuchara grande para un postre de frutas caramelizadas, que nos permite degustar la fruta con algo de su salsa.

Adaptación a dietas especiales
- Adaptar postres a necesidades dietéticas específicas puede ser desafiante pero esencial; desde opciones sin gluten, lácteos o azúcares reducidos, hasta postres veganos. Al reemplazar ingredientes tradicionales por alternativas como la leche de almendra o el azúcar de coco, es posible mantener la integridad del postre original con una visión inclusiva.

 PARA SABER MÁS

En el siguiente enlace podrás descubrir más sobre los principales alérgenos alimentarios en pastelería. Accede desde aquí.

https://redirectoronline.com/hotr00380213

4. Factores clave en la elaboración y conservación de postres

☞ HILO CONDUCTOR

Para conseguir la mejor versión de la carta de postres que Juan va a instaurar en su restaurante, debe tener nociones claras sobre cómo conservarlos para poder garantizar en todo momento que su calidad sea la adecuada.

Existen factores que influyen tanto en la elaboración como en la conservación de los postres; destaca, por ejemplo, la importancia de la selección adecuada de ingredientes, los métodos de cocción, la manipulación del producto y las consideraciones para una correcta conservación.

En los siguientes apartados analizaremos cada uno de ellos.

4.1. Selección de ingredientes

La calidad de los ingredientes es la base de un producto final sobresaliente. Al elegir los componentes de un postre, es crucial tener en cuenta los siguientes aspectos:

Frescura y calidad	- Harinas: deben estar libres de infestaciones y humedad excesiva. - Huevos: deben ser frescos, preferiblemente de fuente conocida. - Lácteos: es vital asegurarse de que no estén caducados y deben conservar su olor característico.
Origen y sostenibilidad	- Considerar productos regionales y de temporada respalda prácticas agrícolas sostenibles. - Optar por ingredientes orgánicos y de comercio justo garantiza un menor impacto ambiental.

Continúa en página siguiente >>

<< Viene de página anterior

Sustituciones y variantes	- Ciertos ingredientes pueden ser sustituidos para adaptarse a preferencias dietéticas o necesidades alérgicas (por ejemplo, harina sin gluten, leche vegetal, estevia).

4.2. Técnicas de elaboración

La ejecución de las técnicas adecuadas es esencial para lograr la textura y el sabor deseados en cualquier producto de pastelería. Las técnicas básicas para lograr la mejor versión de nuestros postres son:

Batido y mezclado
- Las técnicas de batido varían según el tipo de masa o mezcla, desde un batido suave para mousses hasta incorporaciones de aire más rígidas como en merengues.
- Se deben utilizar siempre batidores, mezcladoras y espátulas limpios para evitar contaminaciones cruzadas.

Temperaturas y tiempos de cocción
- El control preciso de temperaturas es crucial al trabajar chocolate, cuajar cremas o preparar caramelo, donde unos grados pueden ser la diferencia entre el éxito y el fallo.
- El tiempo de cocción debe ajustarse al tamaño y grosor del producto. El uso de termómetros de cocina ayuda a asegurar la cocción adecuada. Una temperatura de horno adecuada suele estar entre 160-180 °C.

Técnicas de enfriamiento
- Algunos postres deben enfriarse rápidamente, como aquellos con componentes cremosos, para prevenir el desarrollo bacteriano. Un abatidor en nuestra cocina puede ser un gran aliado. Un abatimiento rápido nos permite bajar de 60 °C a 3-5 °C en menos de 90 min para evitar que se desarrollen bacterias.

4.3. Factores de conservación

La correcta conservación de los postres asegura la prolongación de su vida útil y mantiene su sabor y su textura iniciales. Para ello, tendremos que prestar vital atención a los siguientes factores:

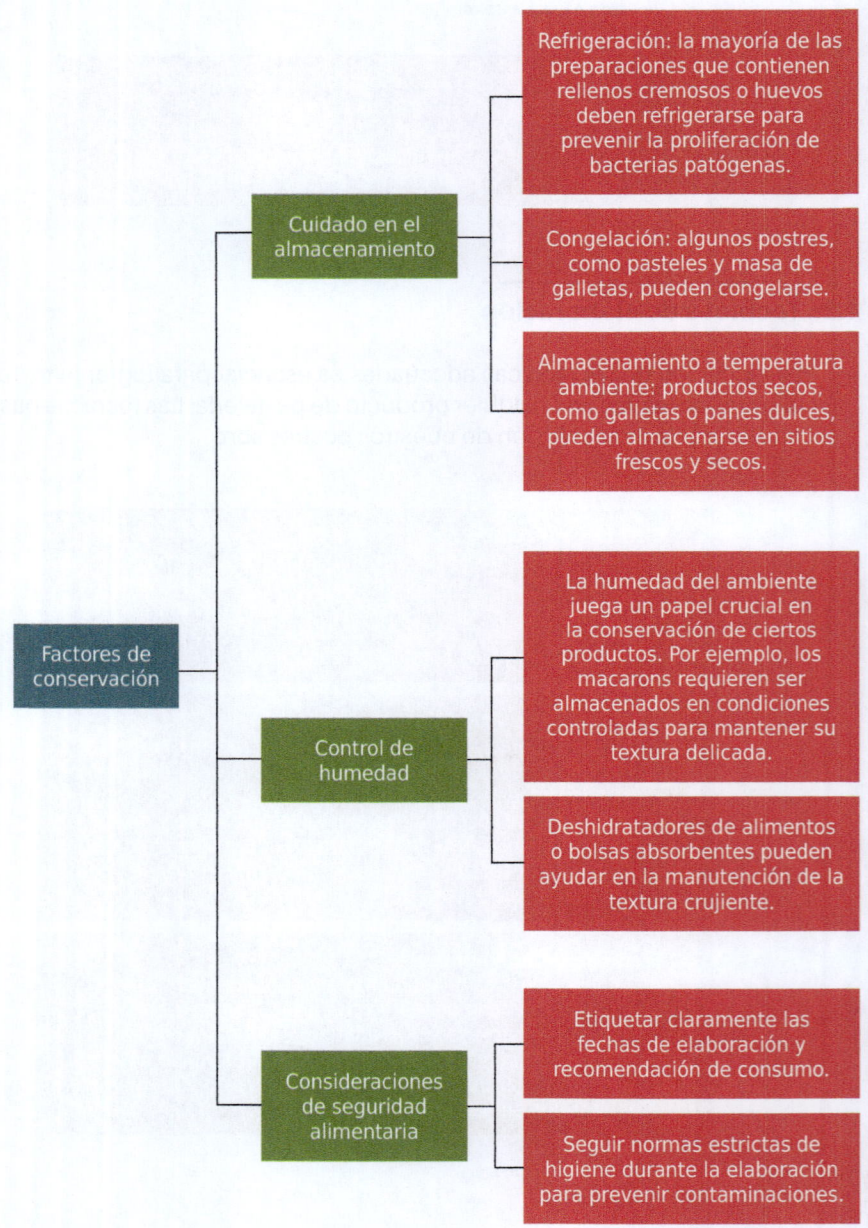

4.4. Innovación y adaptación a nuevas tendencias

Mantenerse al tanto de las tendencias emergentes en la pastelería es clave para ofrecer productos frescos e interesantes, adaptados a las demandas actuales del consumidor. Para lograr estar al día en las nuevas tendencias, tendremos que fijarnos en la inclusión de postres para dietas especiales en nuestra carta, usar aditivos naturales y mejorar la sustentabilidad en nuestro restaurante.

 **EJEMPLO**

Probemos experimentando con harinas de frutos secos o legumbres, o usando aceites de coco o aguacate para alternativas libres de lácteos, para así adaptar nuestros postres a dietas vegetales y sin gluten. También podemos implementar colorantes y saborizantes naturales, como frutas, especias o vegetales.

Algunos ejemplos serían:

Brownies con harina de almendra y aceite de aguacate

Un postre húmedo y denso elaborado sin gluten ni lácteos. La harina de almendra aporta textura y un ligero sabor a nuez, mientras que el aceite de aguacate asegura una consistencia suave.

Continúa en página siguiente >>

<< Viene de página anterior

Cupcakes de remolacha y fresa

La remolacha añade un color rosa vibrante de forma natural, mientras que el puré de fresas realza el sabor.

Macarons con polvo de espirulina

Para crear tonos azules y verdes, el uso de espirulina es una opción creativa y natural.

5. Integración de las preparaciones básicas de múltiples aplicaciones a base de azúcar, cremas, frutas, chocolate, almendras, masas y los factores a tener en cuenta en su elaboración, conservación y utilización

👉 HILO CONDUCTOR

Juan busca innovar en su carta incorporando postres que sorprendan a sus clientes. Para lograrlo, debe dominar las preparaciones básicas de repostería, ya que su dominio le permitirá poder innovar. En este apartado, descubriremos los fundamentos esenciales para integrar estas preparaciones y garantizar postres de calidad.

- -

Integrar preparaciones básicas en pastelería es una habilidad esencial para cualquier repostero, ya que permite la creación de postres variados y deliciosos a partir de técnicas y componentes fundamentales. Estas preparaciones sirven de base para numerosas aplicaciones en pastelería.

NOTA

La combinación cuidadosa de estos componentes puede transformar un postre ordinario en una experiencia culinaria sublime. Proporcionar contrastes en texturas como cremoso, crujiente y suave, así como armonizar sabores ácidos, dulces y amargos, enriquecerá la paleta de quien los pruebe. Por ejemplo, una tarta de chocolate con un crujiente de almendra, un semifrío de frutos rojos y chocolate blanco, etc.

- -

Los aspectos de conservación y utilización de estos ingredientes deben estar alineados con las normas de higiene y seguridad alimentaria, para evitar cualquier deterioro en la calidad y la seguridad del producto final.

5.1. El azúcar

Uno de los usos más comunes es la elaboración de almíbares, que sirven para mojar bizcochos o como base para hacer caramelos y salsas. Durante la preparación del caramelo, el control de la temperatura es crucial para evitar que se queme. Otro aspecto a tener en cuenta es la cristalización del azúcar, un defecto que puede evitarse añadiendo jarabe de maíz o vinagre en la preparación.

A continuación, mostramos una tabla con las **temperaturas globales del azúcar:**

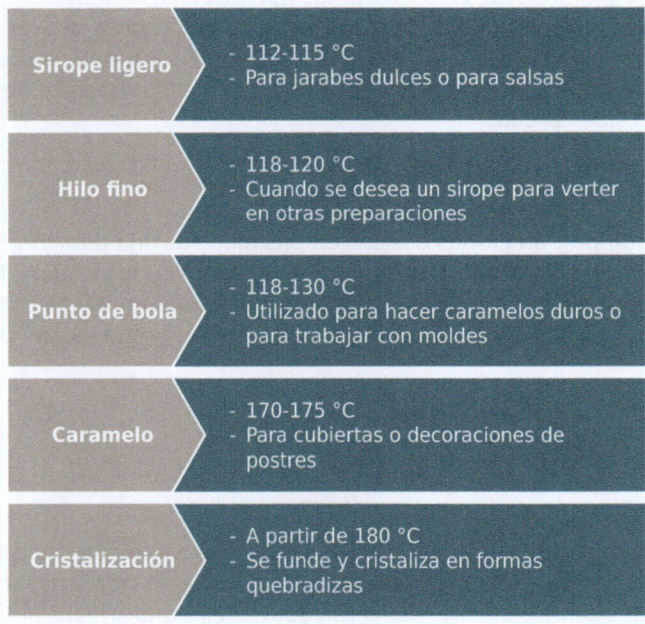

Sirope ligero	- 112-115 °C - Para jarabes dulces o para salsas
Hilo fino	- 118-120 °C - Cuando se desea un sirope para verter en otras preparaciones
Punto de bola	- 118-130 °C - Utilizado para hacer caramelos duros o para trabajar con moldes
Caramelo	- 170-175 °C - Para cubiertas o decoraciones de postres
Cristalización	- A partir de 180 °C - Se funde y cristaliza en formas quebradizas

5.2. Las cremas

Es vital controlar la temperatura para evitar que la crema se corte o se queme. La temperatura ideal para la cocción de una crema pastelera es **80-85 °C;** se sugiere cocinar a baño maría si es necesario. La temperatura de almacenamiento también es relevante; se debe conservar en refrigeración a **4 °C** hasta **3-4 días** para evitar el crecimiento bacteriano.

 **PARA SABER MÁS**

A continuación, te mostramos cómo conservar y recuperar una crema de mantequilla cortada. Accede desde aquí.

https://redirectoronline.com/hotr00380214

5.3. Frutas

El tratamiento correcto de las frutas busca potenciar su sabor sin que pierdan su forma o frescura. La **maceración** es una técnica común que permite intensificar su sabor. Para la conservación, es necesario considerar su alta dependencia a la temperatura y la humedad, y se aconseja su almacenamiento en ambientes frescos, secos y ventilados a una temperatura de **4 °C.** Las frutas frescas deben ser seleccionadas cuidadosamente, descartando aquellas con signos de deterioro o demasiado maduras.

 **DEFINICIÓN**

Maceración
Es una técnica que ablanda la fruta fresca y extrae sus jugos naturales, en los que luego la fruta se remoja, como si estuviera marinada.

5.4. Chocolate

La técnica del atemperado es esencial para obtener un acabado perfecto en bombones y coberturas y poder trabajar con él.

✎ DEFINICIÓN

Atemperar chocolate
Hacer pasar el chocolate por un ciclo de temperaturas (calor/enfriado/calor).

El toque crujiente, fundente y el brillo no se obtienen si el atemperado no se realiza correctamente. Esto es debido a la importante presencia de la manteca de cacao en el chocolate, ya que, una vez derretida, no encuentra por sí misma una forma cristalina y estable.

Las variaciones entre tipos de chocolate, como el amargo, con leche y blanco, también influyen en sus aplicaciones y deben considerarse para obtener el mejor resultado. La temperatura ideal para conservarlo es **entre 15-18 °C.**

Uso de un decapador para el atemperado de chocolate

 **PARA SABER MÁS**

En el siguiente enlace, descubrirás cómo atemperar chocolate y elaborar decoraciones. Accede desde aquí.

https://redirectoronline.com/hotr00380215

5.5. Las almendras y otros frutos secos

Las *almendras* pueden ser usadas enteras, laminadas, troceadas o en forma de harina, aceite o pasta. La elaboración de mazapán es una de las aplicaciones más comunes de las almendras en la pastelería. El tostado realza su sabor; sin embargo, hay que asegurarse de **no sobrepasar los 160 °C** para evitar el amargor.

 IMPORTANTE

Es crucial verificar que las almendras y otros frutos secos estén frescos para evitar el sabor rancio en los productos finales.

5.6. Las masas

El manejo apropiado de la harina y el control del gluten son aspectos clave para obtener la consistencia deseada, ya sea una masa más ligera y aireada o una más densa y crujiente. Una masa muy trabajada puede resultar en un producto final duro y poco apetitoso. Durante la cocción, es importante seguir los tiempos y temperaturas recomendados para cada tipo de masa, con el fin de obtener la textura correcta.

En cuanto a la conservación, algunas masas pueden congelarse para un uso futuro, aunque las recién hechas son siempre preferibles, por su mejor textura y sabor.

Temperatura y tiempos de cocción de algunas masas

Bizcocho	Masa quebrada	Masa *choux*	Hojaldre

- 170-180 °C
- 25-40 min
  según
  tamaño del
  molde
	- 180-200 °C
	- 20-30 min
		- 200-220 °C
		- 20-30 min
			- 200-220 °C
			- 20-30 min

 PARA SABER MÁS

En el siguiente artículo podrás leer algunos consejos para la congelación de masas. Accede desde aquí.

https://redirectoronline.com/hotr00380216

6. Preparaciones básicas en la industria pastelera

👉 HILO CONDUCTOR

Juan sabe que la industria pastelera ha evolucionado de manera impresionante durante las últimas décadas, integrando tecnología e investigación en ingredientes y procesos de producción masiva, todo para satisfacer la creciente demanda de consumidores ávidos tanto de tradición como de innovación.

- -

En este apartado, exploraremos esas preparaciones básicas que, adaptadas a entornos industriales, forman la columna vertebral de miles de productos que se encuentran en el mercado.

Obrador de una pastelería industrial a pleno rendimiento

6.1. Preparaciones básicas en la industria pastelera

Antes de adentrarnos en las especificidades técnicas de las preparaciones industriales, es fundamental revisar cuáles son las principales preparaciones básicas que se adaptan en un entorno a gran escala y las razones detrás de su uso extendido. Estas preparaciones son:

- **Masas y batidos:** la producción de masas industriales abarca una gama que va desde masas quebradas y panes de masa madre hasta hojaldres y bizcochos. En un contexto industrial, la consistencia es clave; por ello, se emplean técnicas de mezclado y fermentación precisas y totalmente controladas.

- **Cremas y rellenos:** desde la crema pastelera hasta la *chantilly*, las variantes industriales de estas preparaciones están diseñadas para mantener su estabilidad en una amplia variedad de condiciones de almacenamiento y uso final.
- **Glaseados y coberturas:** emplean estabilizantes que permiten mantener una apariencia perfecta y un brillo uniforme. La tecnología ha permitido la creación de coberturas que soportan temperaturas extremas durante la distribución.

Berlinas rellenas de crema pastelera, espolvoreadas con azúcar glas antihumedad, que soporta la conservación refrigerada

- ***Mousses* y espumas:** incorporan agentes aireantes específicos y estabilizadores para garantizar una textura perfecta y una vida útil prolongada. Son cruciales en el sector, donde el tiempo de exposición en los estantes de venta es un factor crítico. Se usan, por ejemplo, en la elaboración de bizcochuelos, *muffins* y budines.

 **DEFINICIÓN**

Agente aireante

Ingrediente que se utiliza para incorporar aire a la mezcla, logrando así una textura ligera, esponjosa y cremosa.

6.2. Adaptación de técnicas artesanales a la producción industrial

La evolución de las técnicas artesanales hacia su adaptación en procesos de producción industrial representa un puente entre tradición e innovación. La transición de una receta artesanal a un proceso industrial implica varios **pasos críticos** que desglosaremos a continuación:

Escalabilidad de las recetas

- Es importante adaptar las recetas tradicionales a cantidades industriales sin perder las cualidades organolépticas deseadas. Esto requiere un ajuste preciso de proporciones e ingredientes.

Selección de ingredientes

- En la industria, el coste y la disponibilidad de ingredientes son factores determinantes, por lo que se busca un balance entre calidad y viabilidad económica.

Control de procesos

- Equipos de mezclado, hornos y sistemas de enfriamiento controlan variables como temperatura, humedad y tiempo para asegurar consistencia en el producto final.

Estándares de higiene y conservación

- En un contexto industrial, es imprescindible cumplir con estándares rigurosos de seguridad alimentaria, además de implementar procesos de conservación que maximizan la vida útil del producto sin comprometer su calidad.

6.3. Ejemplos de preparaciones básicas industriales

En la industria alimentaria, estas preparaciones permiten garantizar la uniformidad, la eficiencia y la seguridad en la fabricación a gran escala. Desde mezclas estándar de masas hasta bases para salsas y postres, estos ejemplos ilustran cómo la estandarización y la innovación pueden combinarse para optimizar resultados.

- **Bizcocho industrial:** a diferencia de un bizcocho casero, en un entorno industrial, los ingredientes de un bizcocho son seleccionados por su capacidad de mantener frescura y estructura a lo largo del tiempo en condiciones variables. Se emplean emulsionantes y estabilizadores, y el proceso de mezclado se realiza en enormes batidoras planetarias para gran cantidad.
- **Crema *chantilly* en aerosol:** a fin de garantizar la calidad y frescura al usuario final, se lleva a cabo un proceso de envasado con gas bajo presión que permite mantener la textura aireada de la preparación.
- ***Fondant* preempaquetado:** diseñado para cumplir requisitos de color, consistencia y sabor exactos, este producto es ideal para decoraciones de pastelería a gran escala sin necesidad de realizar mezclas adicionales.

6.4. Impacto del desarrollo industrial en la tradición pastelera

Mientras avanzamos hacia procesos cada vez más automáticos y eficientes, existe el riesgo de perder el toque artesanal que confiere a la pastelería su alma. Aquí reside uno de los mayores retos: conservar la esencia y tradición en cada bocado, mientras nos enfocamos en satisfacer la demanda a gran escala.

El avance en las preparaciones básicas a nivel industrial representa una fusión perfecta entre arte, ciencia y economía. Mientras nos mantenemos a la vanguardia tecnológica, es esencial no olvidar la esencia del oficio, que ha deleitado paladares durante generaciones.

 PARA SABER MÁS

En el siguiente enlace podrás conocer más sobre cómo ha avanzado la industria pastelera. Accede desde aquí.

Continúa en página siguiente >>

<< Viene de página anterior

https://redirectoronline.com/hotr00380217

 ## ACTIVIDAD COMPLEMENTARIA

1. Juan duda si introducir en su restaurante pastelería industrial o seguir realizando pastelería tradicional y artesana. Teniendo en cuenta el siguiente artículo, deberás indicar qué decisión crees que tomará.

https://redirectoronline.com/hotr00380200

 ## TAREA 2

Juan ha decidido hacerle un pastel de cumpleaños a su hija, pero el resultado no ha sido el deseado.

Juan ha partido de un bizcocho para tartas que ha cocido a 220 °C durante unos 15 minutos. Se le ha quemado por fuera, pero, al desmoldarlo, por dentro el bizcocho estaba crudo.

¿Qué ha hecho mal Juan para que no le quede bien el bizcocho?

---

7. Resumen

En la vasta y deliciosa dimensión de la pastelería, la creación de postres es un arte que fusiona tradición e innovación. Es una disciplina que requiere no solo de habilidades culinarias, sino también de un profundo conocimiento de los ingredientes y las técnicas que transforman simples elementos en obras maestras comestibles.

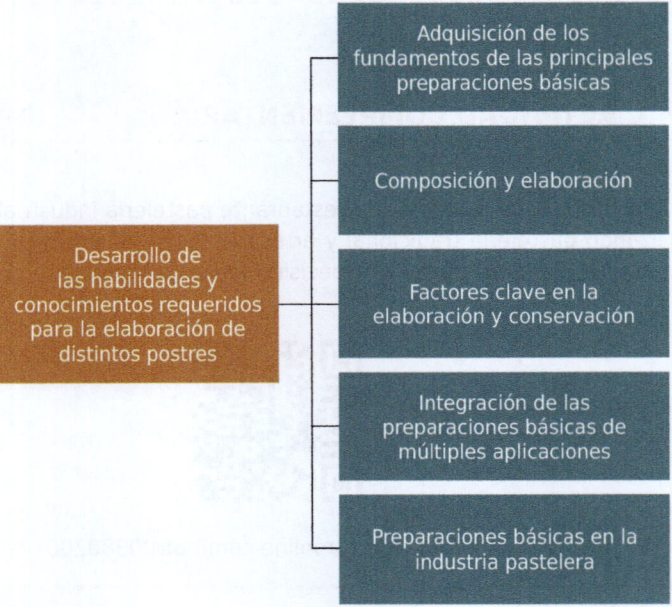

La composición y elaboración de los postres no es simplemente un acto de mezcla de ingredientes; es un arte preciso que pide atención al detalle y un buen juicio en el balance de sabores y texturas.

Es relevante el conocimiento amplio de los factores específicos que intervienen en la elaboración y conservación de los postres. Factores como la humedad, la temperatura y el tiempo de preparación juegan roles cruciales en la estabilidad y longevidad de las creaciones.

Ingredientes tan variados como el azúcar, las cremas, las frutas, el chocolate, las almendras y las masas, cuando se estudian y manipulan adecuadamente, abren un mundo de posibilidades creativas. Su comportamiento en diferentes contextos de elaboración y conservación proporciona una flexibilidad creativa que es la esencia de la innovación pastelera.

La comprensión de las prácticas industriales es crucial para impactar en el mercado comercial de la pastelería, donde la producción a gran escala necesita mantener altos estándares de calidad y consistencia, mientras se maneja eficientemente el coste y la sustentabilidad.

Ejercicios de autoevaluación
Unidad de Aprendizaje 2

1. Indica si la siguiente oración es verdadera o falsa: "La masa quebrada es una combinación de harina, mantequilla fría, agua y, a menudo, huevo, trabajada hasta obtener una mezcla arenosa antes de ser empastada".

   ■ Verdadero
   ■ Falso

2. ¿Qué crema básica se obtiene por la mezcla de nata y chocolate en diferentes proporciones?

   a. *Coulis*
   b. Brillo de chocolate
   c. Crema pastelera de chocolate
   d. *Ganache*

3. ¿Qué bizcocho lleva solo huevos, azúcar y harina en su batido?

   a. Genovés
   b. *Poundcake*
   c. Bizcocho de yogur
   d. Bizcocho cuatro cuartos

4. Componer un postre se refiere al proceso de seleccionar, combinar y estructurar diversos elementos para crear una experiencia culinaria completa.

   ■ Verdadero
   ■ Falso

5. Indica si la siguiente oración es verdadera o falsa: "El *sous-vide* es un gelificante".

   ■ Verdadero
   ■ Falso

6. ¿Qué conseguimos con la liofilización de las frutas?

    a. Frutas de mayor durabilidad
    b. Intensidad de sabor y textura crujiente
    c. Toque innovador en nuestros postres
    d. Dar una segunda vida a las frutas.

7. Indica si la siguiente oración es verdadera o falsa: "Llamamos *plating* a la presentación de un postre".

    ■ Verdadero
    ■ Falso

8. Indica si la siguiente oración es verdadera o falsa: "Algunos postres deben enfriarse rápidamente, como aquellos con componentes cremosos, para prevenir el desarrollo bacteriano".

    ■ Verdadero
    ■ Falso

9. ¿Qué factores de conservación tenemos en cuenta para la elaboración de postres?

    a. Refrigeración y congelación
    b. Envasado al vacío
    c. Control de humedad
    d. Las opciones a y c son correctas.

10. El principal ingrediente del mazapán es:

    a. La avellana
    b. La almendra
    c. El pistacho
    d. El cacahuete

Comprensión de los elementos a tener en cuenta en la presentación en el plato

Contenido

1. Introducción
2. Desarrollo de técnicas para utilizar en función de la clase de postre
3. Conocimiento en la utilización de manga, *cornets* y otros utensilios
4. Aplicación de técnicas relacionadas con frutas, cremas, chocolates y otros productos y preparaciones empleados en decoración
5. Comprensión de la importancia de la vajilla
6. Resumen

Objetivos

El objetivo general de esta Unidad de Aprendizaje es:

→ Emplear técnicas creativas en la presentación de postres, aplicando técnicas especializadas, utilizando utensilios adecuados y considerando la armonización de ingredientes y la elección de la vajilla para lograr presentaciones atractivas, funcionales y estéticamente equilibradas.

Los objetivos específicos de esta Unidad de Aprendizaje son:

→ Aplicar técnicas adecuadas según el tipo de postre.

→ Manejar correctamente utensilios como mangas pasteleras, cornets y otros instrumentos.

→ Desarrollar habilidades en técnicas de decoración utilizando frutas, cremas, chocolates y otros productos.

→ Comprender la relevancia de la vajilla en la presentación.

→ Fomentar la creatividad e innovación en la presentación de postres.

→ Seleccionar la vajilla adecuada para cada elaboración.

1. Introducción

La presentación en el plato es un arte que va más allá de la simple disposición de ingredientes; es una herramienta poderosa de comunicación visual que permite destacar la esencia de una creación culinaria y enaltecer la experiencia gastronómica del comensal.

Imaginemos un momento crucial: las puertas de la cocina de un prestigioso restaurante se abren y un camarero se acerca a una mesa elegante con un plato que ha sido meticulosamente preparado. Este postre, siendo una muestra de maestría pastelera, capta la atención de los comensales no solo por su sabor, sino también por la manera en la que sus elementos han sido dispuestos con arte y precisión.

En el dominio de la alta pastelería, donde cada ingrediente cuenta una historia, la comprensión de este lenguaje no verbal es esencial. La técnica adecuada, el uso estratégico de utensilios como mangas y *cornets,* y la destreza en la manipulación de chocolates y cremas son solo algunos de los aspectos que impactan directamente en el resultado final de un postre.

Además, el correcto uso de frutas, chocolates y cremas permite no solo embellecer la obra, sino también añadir capas de sabor y textura que complementan y contrastan, enriqueciendo la experiencia sensorial.

En el competitivo universo gastronómico, la creatividad y el conocimiento en la utilización de cada componente del plato son lo que distingue a un artista culinario de otro.

En esta unidad de aprendizaje, nos seguiremos adentrando profundamente en el caso de Juan, conocedor de que cada aspecto de la presentación en el plato es crucial, desde las técnicas más innovadoras hasta los fundamentos tradicionales que han moldeado la estética de la pastelería moderna. Cada elección, por pequeña que parezca, puede transformar, cautivar e inspirar a través de la belleza visual, configurando una narrativa culinaria coherente que refleje la pasión y dedicación de su creador.

2. Desarrollo de técnicas para utilizar en función de la clase de postre

👉 HILO CONDUCTOR

Juan debe comprender que cada clase de postre requiere no solo una diferente combinación de ingredientes, sino que también demanda técnicas específicas que mejoran su presentación y resaltan sus cualidades organolépticas. Los postres son obras de arte visualmente atractivas.

Las técnicas pasteleras han evolucionado a lo largo de los años, adaptándose a las nuevas tendencias y equipos disponibles. Al abordar el desarrollo de técnicas en función de la clase de postre, es necesario enfocarse en varios aspectos: la textura, el sabor, la integración de los ingredientes y la presentación final del postre. Aquí, exploraremos técnicas esenciales y avanzadas que se aplican a las diferentes categorías de postres, asegurando que el resultado final sea armonioso y sofisticado.

2.1. Técnicas para *mousses* y postres espumosos

Los *mousses* son conocidos por su textura ligera y aireada, lo cual requiere técnicas precisas para lograr esa delicada consistencia. A continuación, se presentan algunas técnicas clave para *mousses* y postres espumosos:

- **Montado de claras a punto de nieve:** la incorporación de aire a través del batido de claras es fundamental. Se debe batir hasta alcanzar picos firmes sin excederse, para no romper la estructura proteica.
- **Emulsificación de gelatinas y purés de frutas:** utilizar gelatina adecuadamente hidratada a menudo resulta esencial para estabilizar la estructura del *mousse*. La incorporación de purés se hace suavemente para evitar que la mezcla se desinfle.
- **Técnica del baño maría para chocolates:** fundir chocolate al baño maría es crucial para evitar que se queme. Posteriormente, el chocolate atemperado se incorpora en movimientos envolventes a la base del *mousse*.
- **Montaje y frío continuo:** una vez ensamblado, es crucial realizar un enfriado a temperaturas controladas para permitir que el *mousse* tome una textura firme y estable ideal para el servicio.

⊕ PARA SABER MÁS

En el siguiente enlace podrás conocer a fondo los diferentes tipos de *mousses.*

https://redirectoronline.com/hotr00380301

2.2. Técnicas para pasteles y tartas

Los pasteles y tartas requirieren una combinación equilibrada de sabores y una precisión artesanal para la decoración y construcción. Aquí destacamos las siguientes técnicas esenciales:

- **Preparación y manejo de masas:** la calidad de masas como la quebrada o la de hojaldre depende significativamente del tiempo de reposo y de la manipulación de la grasa.
- **Integración de sabores en capas:** a través de diferentes capas, se puede jugar con sabores y texturas, como una crema de mantequilla suave entre capas densas de bizcocho, usando técnicas como el suavizado y alisado de cremas.
- **Técnicas de *ganache* para coberturas:** lograr un *ganache* brillante y liso requiere precisión en la relación de chocolate y crema.
- **Uso de moldes de silicona:** se recomiendan moldes de silicona para facilitar el desmoldado sin comprometer la forma de tartas y pequeñas porciones, permitiendo así presentaciones más finas.

 **VÍDEO**

En el siguiente vídeo podrás ver los diferentes tipos de *ganaches.* Accede desde aquí.

https://redirectoronline.com/hotr00380302

2.3. Técnicas para postres helados

La elaboración de helados y sorbetes requiere un dominio preciso de técnicas que aseguren una textura suave, un sabor equilibrado y una presentación impecable. Cada etapa del proceso, desde la preparación de la mezcla hasta el servicio final, influye en la calidad del producto. A continuación, se detallan las fases clave para lograr resultados óptimos en la producción de helados y sorbetes:

- **Preparación y maduración de la mezcla:** antes de congelar, las mezclas deben madurar. Para ello, es necesario dejarlas reposar a baja temperatura y con agitación suave, lo que permite una interacción óptima entre las grasas y los azúcares, mejorando así su cremosidad.
- **Técnicas de emulsificación en sorbetes:** una emulsión perfecta se logra equilibrando los azúcares con purés de frutas y agua mediante técnicas de batido controlado. Incorporar aire de manera uniforme evita que el helado quede demasiado denso o con cristales de hielo grandes.
- **Proceso de congelado:** la máquina empleada y las etapas de mezclado influirán en la textura final. Por ejemplo, las **mantecadoras** son esenciales en la primera etapa del congelado. Estas máquinas combinan batido mecánico con frío para transformar la mezcla en una masa helada semiblanda y cremosa.

Obrador de helados con mantecadoras al fondo de la imagen

⮩ **Atemperado para servicio:** atemperar los helados antes de servir mejora la percepción del sabor, permitiendo a los aromas expresarse completamente. Lo conseguimos sacándolos del congelador unos minutos antes para que alcancen una temperatura óptima de consumo. Este proceso permite que el helado recupere su textura cremosa y sea más fácil de servir, evitando que esté demasiado duro.

Postre helado con una combinación perfecta de fruta natural

2.4. Técnicas para postres al plato

Los postres al plato ofrecen la flexibilidad adecuada para jugar con texturas, colores y estilos de emplatado que acentuarán la estética del platillo, como veremos a continuación:

⮕ **Uso de moldes y aros de presentación:** los moldes facilitan proporciones perfectas y decoraciones estables.

Moldes para la elaboración de sorbetes

⮕ **Incorporación de elementos decorativos naturales:** las frutas frescas y comestibles o flores son esenciales.

Bolas de helado servidas con fruta y flores naturales

● **Técnicas de salsas y *coulis*:** el empleo de cuchara o botella dosificadora permite crear líneas fluidas y atractivas.

Bolas de helado decoradas con líneas de coulis de fresa

● **Montaje de texturas contrastantes:** lograr contraste entre texturas (crocante encima de una *panna cotta suave,* por ejemplo) enriquece la experiencia sensorial.

Postre que combina la textura del helado con la suavidad de un gofre y el crocante de los frutos secos.

IMPORTANTE

Tener un enfoque flexible y creativo, donde la técnica mejora tanto el sabor como la estética final, es clave para el éxito en la creación de postres que deleitan sentidos. En definitiva, cada técnica tiene un impacto directo en la experiencia del comensal, logrando una composición que no solo satisface el paladar, sino que también deleita la vista.

3. Conocimiento en la utilización de manga, *cornets* y otros utensilios

☞ HILO CONDUCTOR

Juan, para obtener resultados más vistosos en sus postres, deberá tener maestría en el uso de herramientas específicas que permiten controlar y manipular texturas, formas y detalles decorativos.

La correcta utilización de utensilios como la manga pastelera, los *cornets* y otros complementos es fundamental en la decoración y presentación de postres. Estos instrumentos no solo permiten lograr acabados precisos y detallados, sino que también abren la puerta a la creatividad y a la innovación en cada preparación. Dominar su uso, junto con su adecuado mantenimiento, garantiza resultados de alta calidad y presentaciones visualmente atractivas.

Uso de manga pastelera en la decoración de una tarta dripcake

3.1. La manga pastelera: un arte de precisión y control

La manga pastelera es una bolsa flexible que se utiliza para dirigir una sustancia líquida o blanda, usualmente una crema, masa o merengue, de una forma controlada sobre la base de un postre. A continuación, indicaremos sus tipos y aplicaciones.

Tipos de mangas pasteleras

Podemos distinguir los siguientes tipos:

- **Mangas de tela:** reutilizables y resistentes, aunque requieren un proceso de limpieza cuidadoso.
- **Mangas desechables de plástico:** prácticas para limpiarlas fácilmente, son ideales en ambientes de alta rotación.
- **Mangas de silicona:** combinan flexibilidad con durabilidad.

Mangas plásticas de decoración

Aplicaciones

Entre sus usos, destacan los siguientes:

- ⮩ **Preparación:** rellenar es crucial; se debe hacer con cuidado, asegurando la ausencia de burbujas de aire. La manga debe llenarse aproximadamente 2/3 de su capacidad para facilitar su manejo.
- ⮩ **Presión y precisión:** la presión se aplica principalmente desde la parte superior de la manga, apoyándose en la mano dominante, mientras se guía con la mano libre para mayor precisión.
- ⮩ **Técnicas básicas:** entre las más comunes se encuentran la elaboración de puntos, líneas rectas y espirales.

Realización de puntos de chocolate con manga pastelera, para decoración posterior

 **VÍDEO**

En el siguiente vídeo podrás ver cómo se usa una manga pastelera. Accede desde aquí.

https://redirectoronline.com/hotr00380303

ACTIVIDAD COMPLEMENTARIA

2. Busca información sobre el uso de los tipos de mangas pasteleras (reutilizables y desechables), sus ventajas y desventajas. Justifica tu respuesta según el tipo de uso.

- -

3.2. *Cornets:* detalles en miniatura

Los *cornets* son cucuruchos simples hechos de papel de pergamino o plástico. Su simplicidad y versatilidad los hacen imprescindibles en la cocina de un pastelero. Son herramientas perfectas para realizar decoraciones detalladas con glaseado, chocolate y purés. Son fáciles de hacer y se adaptan a las necesidades del decorador por su fácil creación y su uso práctico:

Creación	- Doblar una hoja de pergamino en forma de triángulo. Se enrolla hasta formar un cono, y se corta la punta para permitir el flujo.
Uso práctico	- Ideal para aplicar letras, bordes finos y decoraciones que requieren un control preciso. El ancho de la apertura del *cornet* determina el flujo.

Uso de un cornet para finalizar la realización de un huevo de chocolate

 **VÍDEO**

En el siguiente vídeo podrás ver cómo se hace un *cornet.* Accede desde aquí.

https://redirectoronline.com/hotr00380304

3.3. Otros utensilios

Además de la manga pastelera y los *cornets,* otros utensilios desempeñan roles igualmente importantes en la decoración y presentación de postres. Veamos qué otros utensilios podemos usar para la realización de decoraciones en nuestros platos.

Espátulas y rasquetas

Las espátulas son útiles para alisar cremas. Las rasquetas se utilizan para manipular masas.

Uso de rasqueta en el alisado de una tarta

Tenedores y peines decorativos

Pueden usarse para dar texturas, tales como las líneas clásicas en la crema de mantequilla.

Boquillas

Determinan la forma del producto que sale de la manga pastelera. Se dividen en boquillas lisas, estrelladas, petalizadas y de hoja. Cada categoría permite personalizar completamente la presentación.

Diferentes tipos de boquillas metálicas de pastelería

 **VÍDEO**

En el siguiente vídeo podrás ver cómo se usan las diferentes boquillas. Accede desde aquí.

https://redirectoronline.com/hotr00380315

APLICACIÓN PRÁCTICA

Juan está terminando la decoración de los postres que componente su carta, ayuda a Juan a elegir el utensilio correcto para que cada elaboración quede vistosa estéticamente. Indica la utilidad de cada utensilio.

- **Espátula o rasqueta**
- **Peine o tenedor decorativo**
- **Boquillas de manga pastelera**

Solución

La espátula o rasqueta es especialmente útil para alisar cremas, obteniendo unos acabados lisos y perfectos.

Los peines o tenedores son muy útiles para realizar líneas sobre nuestros postres, generando patrones simples pero elegantes.

Las boquillas determinan la forma del producto que sale de la manga pastelera. Así, cada tipo de boquilla nos permite personalizar cada decoración, pudiendo crear con ellas formas tales como pétalos de flores, hojas o estrellas.

3.4. Ejecución creativa e innovación

Estos utensilios, aunque esenciales, tan solo son una parte del proceso creativo que elabora un postre. Del mismo modo que un artista necesita su pincel, el pastelero requiere de sus herramientas para convertir una sencilla masa de pastel en una obra maestra.

IMPORTANTE

El manejo de estas herramientas se perfecciona con la práctica constante, comenzando con diseños simples.

A continuación, presentamos dos ejemplos de aplicación:

Tarta de queso con borde de nata: con una manga pastelera y una boquilla estrellada, se crean bordes decorativos.

Eclairs con garabatos de chocolate: utilizando un *cornet*, se puede aplicar fino chocolate derretido dibujando patrones geométricos.

3.5. Mantenimiento y cuidado

El mantenimiento es crucial para asegurar la longevidad y eficacia de las herramientas de pastelería.

Para lograr una limpieza eficiente, se debe desmontar cualquier accesorio de la manga pastelera y lavar con agua caliente y jabón.

Se deben guardar en lugares seguros, secos y adecuadamente organizados para evitar deformaciones que podrían comprometer su utilidad.

4. Aplicación de técnicas relacionadas con frutas, cremas, chocolates y otros productos y preparaciones empleados en decoración

 HILO CONDUCTOR

Juan es consciente de que la presentación de un postre es tan importante como su sabor, y de que la decoración juega un papel clave en la experiencia sensorial del consumidor. Para un buen acabado debe dominar distintas técnicas aplicadas a la decoración con frutas, cremas y chocolates.

En este apartado, exploraremos diversas técnicas que involucran todos estos productos (frutas, cremas y chocolates), impartiendo un enfoque holístico sobre cómo combinar estos elementos para crear presentaciones espectaculares.

Decoración de un semifrío con un hilo de ganache de chocolate

4.1. Frutas: técnicas de corte y presentación

El uso de frutas en la decoración de postres no solo añade color, sino también frescura y variedad de sabores. Aquí exploramos las técnicas básicas y avanzadas:

- **Corte y tallado:** podemos distinguir los siguientes tipos:

  - **Corte básico:** el corte en rodajas o cubos es útil para crear capas o agregar volumen.

Dados de fruta para macedonia

◑ **Corte en gajos:** es ideal para cítricos y manzanas. Este corte se hace siguiendo la forma natural de la fruta.

Tarta decorada con gajos de manzana

⮰ **Tallado avanzado:** incluye técnicas como el "pétalo de rosa", usando mangos, kiwis, sandía...

Sandía tallada con forma de rosa

○ **Deshidratación:** el uso de rodajas de fruta deshidratada puede añadir un toque rústico.

Fruta deshidratada usada en decoración

○ **Salsas de frutas:** las salsas, como el *coulis* de frambuesa, se emplean para añadir color y patrones artísticos sobre el plato.

4.2. Cremas

Las cremas son fundamentales en la decoración, y ofrecen textura y sabor. No solo se las considera "el lienzo" de muchos chefs, sino también un elemento estructural clave. Veamos algunas de ellas:

Nata y crema *chantilly*
- Aplicación con manga: usando diferentes boquillas, se pueden crear formas como rosetones y espirales. Como relleno, la creación de capas de cremas con texturas varía el interés visual y contrasta sabores.

Crema de mantequilla
- Ideal para decoraciones que requieren definición y resistencia a la temperatura. Se utiliza a menudo en *cupcakes* o como base para diseños complejos sobre tartas, usando una manga para la realización de las decoraciones.

Crema pastelera
- Este tipo de crema se utiliza para rellenos y también para crear bordes o surcos decorativos, aplicados con mangas y *cornets*.

SABÍAS QUE...

La temperatura en este tipo de cremas juega un papel muy importante. Por ejemplo, para conseguir un buen batido de nata, esta tiene que estar muy fría; y para conseguir una buena crema de mantequilla, esta debe estar a temperatura ambiente, pero nunca derretida.

4.3. Chocolates

El chocolate no solo es uno de los ingredientes más versátiles en la pastelería, sino también uno de los más complejos. Dominar su uso en decoración requiere comprensión y precisión. Previamente haremos un buen atemperado, como ya se ha explicado en unidades anteriores, para poder realizar unas bonitas figuras y formas decorativas.

Las formas y figuras de chocolate permiten transformar postres en verdaderas obras maestras. El *ganache* y el glaseado son esenciales para lograr acabados impecables en la repostería.

Formas y figuras	*Ganache* y glaseado

- Las hojas de chocolate, creadas pintando con chocolate derretido sobre hojas reales, añaden un toque natural y elegante. - Las esferas y figuras moldeadas son ideales para centros de platos y postres. - Las virutas y rizos, sencillos de crear, se utilizan para decorar superficies planas de tartas y pasteles.	- El *ganache* se aplica utilizando espátulas para desarrollar un acabado suave y brillante perfecto para tartas. Los glaseados de chocolate, combinados con otras decoraciones, crean interesantes contrastes.

 **VÍDEO**

Realización de un glaseado de chocolate. Accede desde aquí.

https://redirectoronline.com/hotr00380316

4.4. Otros productos

Además de frutas, cremas y chocolates, otros elementos juegan un importante rol en la decoración de postres.

A continuación, veremos los productos más usados en decoración:

➲ **Azúcar *fondant*:** se moldea y se colorea fácilmente, permitiendo un amplio rango de posibilidades, desde coberturas lisas hasta figuritas complejas para eventos como bodas.

Forrado y alisado de una tarta con cubierta de fondant

⮞ **Gelatinas y esferificaciones:** las gelatinas no solo se utilizan como elemento de sostén, sino también de decoración, a menudo con apariencia translúcida que atrapa colores vivos. La técnica de esferificación se inspira en la gastronomía molecular, creando pequeñas esferas con líquido en su interior, perfectas para añadir elementos de sorpresa.

Tarta de queso decorada con gelatina de frutos rojos

⮞ **Texturas crocantes:** Las inclusiones como caramelo crujiente o nueces caramelizadas añaden textura al conjunto.

DEFINICIÓN

Azúcar *fondant*

Pasta de azúcar flexible y moldeable que se utiliza principalmente en repostería y decoración de pasteles. Está hecha a base de azúcar glas, agua, glucosa (o jarabe de maíz) y, a veces, gelatina o glicerina para darle elasticidad. Su textura es suave, lo que permite cubrir tartas y crear decoraciones como flores, lazos o figuras, entre otros.

Continúa en página siguiente >>

<< Viene de página anterior

Tarta de boda decorada con fondant

 VÍDEO

En el siguiente vídeo podrás ver cómo se realiza un crocante para decorar tartas o postres. Accede desde aquí.

https://redirectoronline.com/hotr00380317

4.5. Combinación y armonización de elementos

La clave para una presentación exitosa en la decoración de postres radica en el equilibrio. Aquí se detalla cómo combinar múltiples elementos sin saturar el diseño visual o el perfil de sabor del plato:

Estética visual
- El uso del color y las formas debe seguir principios de diseño claros, tales como la simetría y el uso de líneas para guiar la mirada del comensal.

Sabor y textura
- Equilibrar dulce, ácido y amargo es esencial, así como combinar texturas suaves y crujientes para mejorar la experiencia de degustación.

Historial y cultura
- Considerar la temática o el trasfondo cultural del evento permite seleccionar apropiadamente los elementos decorativos, asegurando que el postre no solo sea delicioso, sino también relevante y memorable.

Cada técnica y cada elección de ingredientes tienen el potencial de crear un impacto memorable, por lo que una comprensión profunda y un dominio de estos conocimientos resultan esenciales para cualquier pastelero en el ámbito de la restauración. Aplicando las técnicas revisadas en este apartado, te equiparás de manera efectiva para crear ese efecto sorpresa. Además, la elección del postre perfecto depende del tipo de evento, el público y el ambiente. Algunas ideas y consejos para hacer la mejor elección son:

Tipo de reunión
- Eventos formales y elegantes: pasteles por niveles para bodas, bombones artesanales.
- Fiestas de cumpleaños: tartas de personajes animados, *cake pops*, dónuts.
- Encuentros familiares: bizcochos de yogur, arroz con leche.
- Reuniones relajadas: magdalenas, *cookies* de avena, tartas tipo *clafoutis*.

Estación del año
- En verano: granizados, *parfaits* de frutas.
- En invierno: pudines calientes, bizcocho de zanahoria, pastel de especias.
- En primavera y otoño: *crumbles* de frutas frescas, flanes con caramelo, pastel de calabaza.

Preferencias de los comensales
- Sin gluten: *muffins* de almendra, *brownies* de harina de arroz.
- Bajo en azúcar: postres con jarabe de ágave, yogures naturales con frutas.
- Veganos: trufas de cacao puro, tartas hechas con leche vegetal y semillas de chía.

5. Comprensión de la importancia de la vajilla

☞ HILO CONDUCTOR

La presentación de un postre no solo está en el diseño o el sabor de la creación en sí, sino también en el soporte que la realza: la vajilla. Juan debe saber que este elemento, muchas veces subestimado, juega un papel crucial para completar la experiencia gastronómica.

- -

Desde transmitir elegancia en una cena formal hasta aportar un toque de creatividad en una reunión casual, la elección de la vajilla puede transformar un postre sencillo en una obra de arte visual. Además, contribuye a destacar colores, texturas y detalles, logrando captar la atención y anticipar el deleite de los sentidos. Entender la importancia de la vajilla es clave para quienes buscan impresionar a sus comensales y elevar el arte de la repostería.

A continuación, exploraremos la importancia de la vajilla en el mundo de la pastelería, particularmente en el contexto de la restauración:

- **Extensión del postre:** la elección de la vajilla adecuada es parte de una visión global que asegura que todos los componentes de la presentación de un postre estén en sintonía visual y temáticamente. Por ejemplo, un postre centrado en sabores terrosos puede servirse mejor en una porcelana de color natural, mientras que creaciones más vanguardistas podrían beneficiarse de platos de formas geométricas y colores intensos.
- **Influencia psicológica:** estudios en psicología del consumo han demostrado que el color, la forma y el material de la vajilla pueden influir en cómo se perciben los sabores y las texturas de los alimentos. Colores oscuros, por ejemplo, pueden intensificar la percepción de sabores dulces, mientras que los platos blancos pueden mejorar la percepción de presentaciones más artísticas y minimalistas, permitiendo que los colores naturales del postre resalten.
- **Herramienta para destacar la técnica empleada:** cada técnica en pastelería tiene su momento de brillo en la presentación de un postre. Por ejemplo, si se emplean técnicas como la cristalización de azúcares o el uso de bases de geles y esferas, el uso de vajillas de vidrio puede proporcionar un enfoque transparente que permite admirar las diferentes capas y estructuras del postre. A su vez, platos con bordes definidos pueden ayudar a controlar salsas y coulis, mientras que platos hondos o con una depresión pueden contener líquidos o helados de manera estética.

- **Combinación con el ambiente:** la vajilla debe integrarse con el resto de los elementos decorativos y sensoriales del espacio. En un restaurante de lujo que cuenta con una decoración moderna y minimalista, los platos pueden ser elegidos para complementar los tonos y texturas del mobiliario. Mientras tanto, en un restaurante rústico, las piezas de cerámica hechas a mano pueden resonar mejor con el ambiente.

- **Sostenibilidad:** en la era moderna, donde la sostenibilidad es un tema de primera importancia, la elección de la vajilla también plantea consideraciones éticas y ambientales. Ya no se trata solo de estética; los restaurantes deben considerar el uso de materiales que sean duraderos, reciclables o biodegradables. Aunque a menudo los costes de inversión inicial son más altos, la selección de vajillas hechas de materiales como la cerámica reciclada o el bambú demuestra un compromiso con el medioambiente, una característica que cada vez más comensales valoran y apoyan.

- **Elección de la vajilla:** la funcionalidad es un criterio indispensable al elegir vajillas en el contexto de la restauración. Factores como la resistencia a temperaturas extremas, la facilidad de limpieza y almacenamiento, el apilamiento eficiente y la durabilidad frente a chips y roturas son consideraciones clave.

- **Tamaño y forma:** afectan significativamente la percepción de la porción y la estructura del postre. Platos grandes pueden dar lugar a una presentación más esparcida y artística. En contraste, platos más pequeños pueden crear un enfoque más concentrado y detallista, permitiendo que el postre ocupe el centro absoluto y haciendo que los detalles minuciosos sean más prominentes. La forma, por otro lado, puede ayudar a dirigir la atención del comensal a características específicas, como un centro lleno de salsa o un elemento elevado en el postre.

- **Innovación:** con creciente frecuencia, los diseñadores de vajillas colaboran con chefs pasteleros para crear piezas personalizadas que extienden las posibilidades de presentación culinaria. Por ejemplo, cuencos con compartimentos ocultos pueden sorprender al cliente con componentes adicionales que añaden capas de sabor en el transcurso de la experiencia gastronómica. Asimismo, materiales como piedras, metales o incluso hielo ofrecen plataformas inusuales que transforman una presentación en una narrativa visual exquisita.

Imagen 1: postre con toques de cacao que combina con la madera del plato en el que se sirve
Imagen 2: postre servido en vaso de vidrio que deja ver las capas de las que se compone el postre
Imagen 3: chocolate servido en madera que resalta su conexión con la naturaleza
Imagen 4: el chocolate también se puede servir en vajilla de terracota para realzar su color.
Imagen 5: metal oscuro para realzar los colores de la elaboración
Imagen 6: chocolate y madera, combinación acertada por su conexión con la naturaleza
Imagen 7: vajilla oscura para resaltar los colores y la textura del postre

Al final, la elección de la vajilla es tanto un arte como una ciencia, ya que combina elementos de diseño, psicología, técnica y funcionalidad operativa. En el mundo de la pastelería, esto es aún más crucial, ya que las presentaciones bellas no solo gratifican la vista, sino que preparan todo el sentido para disfrutar del postre.

TAREA 3

Imagina que estás a cargo del montaje de una mesa de postres para un evento elegante. Dispones de una selección variada de postres y un conjunto de piezas de vajilla cuidadosamente elegidas para resaltar su presentación. Tu tarea consiste en emparejar cada postre con la vajilla que mejor lo complemente visual y funcionalmente, pensando en la estética, el tipo de preparación y la experiencia del comensal.

Postres:

1. *Mousse* de chocolate
2. Tarta de frutas
3. *Cupcakes* decorados
4. Helado artesanal
5. *Cheesecake* individual
6. *Panna cotta*

Continúa en página siguiente >>

<< Viene de página anterior

Piezas de vajilla:

a. Vasito de cristal transparente
b. Plato cuadrado de cerámica blanca
c. Copa alta con pie, tipo Martini
d. Fuente ovalada decorativa
e. Stand para *cupcakes* con compartimentos
f. Cuenco de cerámica con colores vivos

6. Resumen

Más allá de servir alimentos, la disposición de los postres en el plato crea una experiencia sensorial y emocional para el comensal. Es una manifestación que deleita los sentidos, siendo el puente entre el comensal y la experiencia culinaria que ofrece cada establecimiento.

Adaptar métodos y el uso de técnicas específicas adecuadas mejora la apariencia y la percepción sensorial de cada preparación. El uso de técnicas apropiadas no solo enriquece el aspecto visual, sino que también mejora la experiencia sensorial del cliente.

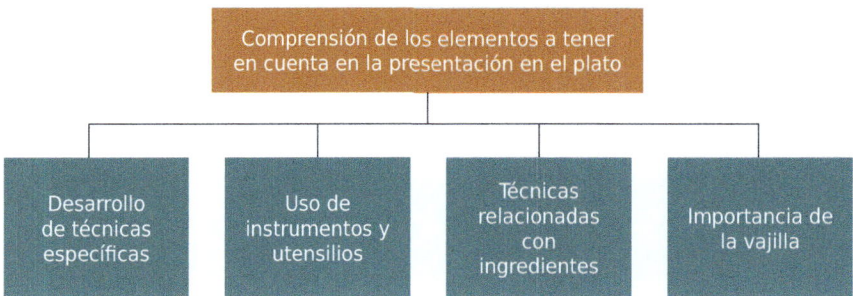

El uso de instrumentos como mangas, *cornets* y otros utensilios —que, cuando se dominan, se convierten en extensiones de las manos del pastelero— permite precisión y creatividad en la decoración.

El uso de ingredientes icónicos de la pastelería —tales como las frutas, cremas y chocolates— no solo aporta sabor, sino que estos ingredientes también sirven como elementos decorativos esenciales.

La elección de la vajilla es un pilar en la presentación. La elección adecuada del soporte complementa la presentación y mejora la experiencia del comensal.

El desarrollo de habilidades técnicas y creativas, junto con la combinación de conocimiento y práctica, permite innovar y destacar en la restauración pastelera.

Ejercicios de autoevaluación
Unidad de Aprendizaje 3

1. ¿Cuál es la técnica clave para lograr la textura aireada de un *mousse?*

    a. Uso de horno a baja temperatura
    b. Montado de claras a punto de nieve
    c. Mezcla vigorosa de los ingredientes
    d. Refrigeración sin batido previo

2. Indica si la siguiente oración es verdadera o falsa: "El proceso de maduración en helados mejora su textura y cremosidad".

    ■ Verdadero
    ■ Falso

3. ¿Cuál es la función principal de la manga pastelera en la pastelería?

    a. Mezclar ingredientes rápidamente.
    b. Aplicar decoraciones y rellenos con precisión.
    c. Extender masas de forma uniforme.
    d. Batir cremas y merengues.

4. Un *cornet* **se fabrica doblando papel pergamino en forma de triángulo para formar un cono.**

    ■ Verdadero
    ■ Falso

5. ¿Qué técnica se usa para lograr un brillo visual y una textura crujiente en el chocolate?

    a. Batido intenso
    b. Atemperado
    c. Caramelización
    d. Congelación rápida

6. ¿Cuál es una ventaja de utilizar frutas deshidratadas en la decoración de postres?

    a. Su capacidad de aportar humedad
    b. Su resistencia al calor y la humedad
    c. Su flexibilidad para hacer figuras
    d. Su coloración uniforme y opaca

7. Indica si la siguiente oración es verdadera o falsa: "El azúcar *fondant* se usa principalmente para espolvorear postres y darles un acabado crujiente".

    ■ Verdadero
    ■ Falso

8. ¿Cuál es la función principal de la vajilla en la presentación de postres?

    a. Servir únicamente como soporte físico.
    b. Ser una extensión del postre y complementar su presentación.
    c. Asegurar que el postre se mantenga caliente.
    d. Todas las opciones son incorrectas.

9. ¿Cuál de los siguientes materiales es una opción sostenible para la vajilla?

    a. Plástico desechable
    b. Cerámica reciclada
    c. Vidrio no reciclado
    d. Espuma de poliestireno

10. Indica si la siguiente oración es verdadera o falsa: "La elección de la vajilla no influye en la percepción del sabor de los postres".

    ■ Verdadero
    ■ Falso

Glosario

Abatidor
Equipo de refrigeración diseñado para enfriar rápidamente los alimentos y llevarlos a temperaturas seguras en poco tiempo. Se usa principalmente en pastelería, panadería y restauración para mejorar la conservación y seguridad de los productos.

Aprovisionamiento
En pastelería y panadería se refiere al proceso de adquisición, almacenamiento y gestión de los ingredientes y materiales necesarios para la producción. Es una parte clave de la planificación, ya que influye en la calidad del producto final, los costes y la eficiencia del negocio.

Aromatizante
Sustancia utilizada en pastelería para aportar o intensificar el aroma y sabor de los productos. Pueden ser naturales o artificiales y se utilizan en cremas, masas, salsas, rellenos y decoraciones.

Atemperado
Técnica esencial en pastelería y chocolatería para lograr una textura lisa, un brillo perfecto y una estructura firme para que el chocolate no se derrita fácilmente al tacto. Es fundamental seguir el proceso correctamente, controlar las temperaturas y usar chocolate de calidad.

Caramelizar
Proceso de calentar los azúcares hasta que se derriten y cambian de color, sabor y textura, formando caramelo.

Celiaquía
Enfermedad crónica que afecta al intestino delgado y que se desencadena por la ingestión de gluten.

Chantilly

Nombre que se da a distintas preparaciones que tienen en común la presencia de crema batida o nata montada. Frías y dulces, y aromatizadas si se desea, acompañan o terminan numerosos postres, o bien se emplean para su elaboración.

Confitura

Preparación a base de fruta y azúcar cocidos hasta obtener una textura espesa y homogénea. Se diferencia de la mermelada en que la confitura suele contener trozos enteros o grandes de fruta en un almíbar espeso.

Crocanti

Pasta de almendras mondadas, tostadas y picadas que se mezcla con azúcar derretido en seco o con agua. A veces puede contener en su composición nueces en lugar de almendras, y en ese caso recibe el nombre de *nougat*. Su uso está muy extendido en confitería para el montaje de piezas, o en polvo o granillo para pralinés, postres o tartas.

Deshidratación

Técnica de conservación que consiste en eliminar el agua de los alimentos para prolongar su vida útil y concentrar su sabor. En pastelería, se usa principalmente en frutas, hierbas y decoraciones.

Edulcorante

Sustancias que aportan dulzor a las preparaciones. Los edulcorantes pueden ser naturales (procedentes de plantas o frutas) o artificiales (sintetizados químicamente). Se utilizan en repostería para reducir el uso de azúcar, modificar texturas o hacer postres aptos para diabéticos o dietas especiales.

Glaseado

Capa fina de cobertura que se aplica sobre pasteles, galletas, bizcochos y otros postres para darles sabor, brillo y una presentación atractiva. Existen varios tipos de glaseado, y se pueden usar para diferentes efectos y texturas en la repostería.

Gluten

Proteína que se encuentra naturalmente en el trigo, el centeno, la cebada y los cruces entre estos granos.

Mermelada

Preparación dulce hecha a base de frutas y azúcar, cocidos hasta obtener una consistencia espesa y gelatinosa. A diferencia de la **confitura**, la mermelada tiene una textura más homogénea, sin trozos grandes de fruta, aunque se pueden utilizar pulpas o purés de frutas.

Plating
Técnica culinaria que consiste en arreglar y presentar los alimentos de forma estética y atractiva, buscando no solo la satisfacción del paladar, sino también la vista del comensal.

Sirope
Líquido espeso y dulce que se utiliza en repostería como acompañante, relleno o ingrediente para diversas preparaciones. Está hecho principalmente de azúcar disuelto en agua, aunque también pueden incluirse otros ingredientes como jugos, hierbas, especias o incluso alcohol. Los siropes se emplean para endulzar, humedecer o dar sabor a postres, y pueden variar en consistencia y sabor según la receta.

Sistema FIFO *(first in, first out)*
Es una metodología utilizada para gestionar el inventario de ingredientes y productos, en la que los artículos que entran primero al *stock* son los primeros en ser utilizados o vendidos.

Sous-vide
Técnica culinaria francesa que significa "al vacío". Consiste en cocer alimentos en bolsas herméticas a baja temperatura y durante un tiempo prolongado.

Bibliografía

Monografías

→ ÁLVAREZ, D.: *Sweet Devotion: Una visión actual de la bollería moderna*. Madrid: Editorial Vilbo, 2020.

> Daniel Álvarez, reconocido por su maestría en masas hojaldradas y *abriochadas,* ofrece en esta obra una combinación de técnica, experiencia y sensibilidad gastronómica.

> El libro aborda especialidades emblemáticas de la bollería europea, como *croissants,* milhojas, palmeras, *kouglofs,* panetones y ensaimadas, entre otros. Cada receta está acompañada de explicaciones detalladas, consejos prácticos y más de 600 fotografías paso a paso, facilitando la comprensión de procesos complejos.

→ LAROUSSE EDITORIAL: *La escuela de pastelería. Le Cordon Bleu*. Barcelona: Editorial Larousse, 2019.

> Esta obra es una referencia destacada en el ámbito de la pastelería, y ofrece más de 100 recetas ilustradas paso a paso, que abarcan desde elaboraciones clásicas hasta propuestas más modernas. Es especialmente recomendada para estudiantes de pastelería, profesionales en formación y aficionados que deseen profundizar en las técnicas y fundamentos de la repostería francesa.

→ MALOUF, T.: *Las recetas de la pastelería Hummingbird*. Barcelona: Editorial Acanto, 2013.

> Este libro es una invitación a recrear en casa los dulces más emblemáticos de la famosa pastelería londinense The Hummingbird Bakery. Con recetas detalladas y fotografías atractivas, se convierte en una herramienta valiosa tanto para aficionados como para profesionales de la repostería.

> Las recetas están organizadas en secciones que incluyen *cupcakes, muffins,* tartas, *brownies,* pasteles y galletas. Cada preparación está explicada paso a paso, facilitando su ejecución y garantizando resultados deliciosos.

Textos electrónicos

→ Bavette, de:
<https://www.bavette.es/>.

Página web excepcional para estudiantes de pastelería y repostería que buscan profundizar en técnicas profesionales y explorar recetas de alta calidad. Creada por el chef Ettore Cioccia, esta plataforma ofrece una amplia variedad de contenidos que abarcan desde elaboraciones clásicas hasta creaciones contemporáneas.

→ Scoolinary blog, de:
<https://blog.scoolinary.com/>.

Blog que ofrece herramientas concretas, consejos profesionales y contenido actualizado que enriquecerá tu visión como pastelero o pastelera en formación. Refuerza técnicas básicas y avanzadas: desde masas batidas hasta fermentaciones complejas. Encontrarás explicaciones claras y aplicadas. Ofrece consejos profesionales de aplicación directa en obradores y, además, posee un contenido variado y actualizado: tendencias en pastelería moderna, equipamiento recomendado, seguridad alimentaria, entre otros.